눈물을 마시는 나비

인지
생략

| 들꽃동인선 58 |

창작이십일작가회 이천이십일년 작품집 5호

눈물을 마시는 나비

2021년 12월 15일 초판인쇄
2021년 12월 25일 초판펴냄

지은이/강성은 외

편집위원/김은옥 안재홍 박주하

펴낸이/문창길

펴낸곳/도서출판 들꽃
주 소/04623 서울 중구 서애로 27 서울캐피탈빌딩 B202호
전 화/02)2267-6833, 2273-1506
팩 스/02)2268-7067
출판등록/제5-313호(1992. 5. 15)
E-mail:dlkot108@hanmail.net

값 15,000원

* 파본된 책은 바꾸어 드립니다.

ISBN 978-89-6143-218-4 03810

들꽃동인선 58

눈물을 마시는 나비

| 창작21작가회 2021년 작품집 제5호 |

혁명소녀 치알신 '잘 될거야'를 믿는다

지나 2월 미얀마에서 군부쿠데타가 일어나 아웅산 수치 여사가 이끄는 민간정부를 강탈한 민아웅 흘라잉은 현재까지 무장 군인을 통해 국민들에게 총격을 가하고 이에 희생자와 난민이 발생하는 등 수많은 민중들이 고통을 당하고 있다. 이런 군부의 반민주적 쿠데타에 반발하는 미얀마 민족민중들이 전국적 민주화 시위를 벌이자 자국민들에게 총격을 가하면서 현재 약 870여 명이 넘는 사망자가 발생하였으며, 수많은 부상자와 난민이 속출하고 있어 국제사회의 비난을 크게 받고 있다. 무자비한 진압에 맞서 비무장 상태에서 저항하는 시민들은 국제사회의 개입을 호소하는가 하면, 각 소수민족 연합방위군과 손을 잡고 투쟁하는 양상을 보이고 있다.

쿠데타가 일어난 지 수 개월째 접어들고 있는 이 시점에서 미국을 비롯한 EU 등이 미얀마 군부로 흘러들어 가는 자금을 동결 압박을 시도하고 있기도 하다. 실효적 제재를 시도하고 있는 것은 다행스럽게 생각한다. 특히, 한국 정부는 대통령을 비롯 국회와 외교부 등이 나서 일찍이 군부쿠데타 세력에 대한 강한 규탄 성명을 발표하는가 하면, 민주화 투쟁시민들을 위한 인도적 지원과 이를 제도적으로 뒷받침할 수 있는 다양한 방안을 찾고 있는 것으로 알고 있다. 무고한 시민들이 학살당하고, 재산을 약탈하며 여성들을 상대로 성폭행과 인권을 탄압하는 미얀마 군부의 만행을 좀 더 강하게 제재하는 것은 물론 이를 국제사회와 함께 응징하지 않으면 안 될 것이다.

사실 미얀마 쿠데타의 전개 양상은 복잡하고, 전망도 불투명하다. 또한 군부와 국민들간 오랜 싸움으로 피로감에 젖어들고 있기도 하다. 하지만 많은 시민들은 우리처럼 촛불을 들고 거리를 메우고 있다. 또한, 총격에 희생된 열아홉 치알신은 예견이라도 하듯 '잘 될 거야' 라는 구호를 외쳤으며, 어느 시인은 총을 맞고 숨을 거두면서 군부를 향해 '내 머리는 총을 맞아 멈추지만 내 심장은 멈추지 않을 것이다.' 라고 전하기도 했다. 이처럼 불의에 항거하는 미얀마 민주시민들과 작가들에게 뜨거운 연대와 응원을 보내며, 민주적인 시민국가로서 재탄생되는 승리가 성취될 것이라고 믿는다.

이번 5집 출간이 다소 늦어졌다. 세계적으로 고통받고 있는 코로나19로 인해 대면 활동이 축소되어 편집 작업이 지연된 이유도 있었지만 총회 준비와 새로운 집행부를 구성하는 등 내부적으로도 분주한 시간을 보내게 된 연유도 포함되어 있다. 따라서 회원 여러분들의 이해를 바라고, 귀한 작품을 발표하신 모든 분들께 감사 드립니다. 이번 작품의 전반을 살펴보면 상황과 현실을 각자의 개성에 맞게 인식하고 승화시켜나가는 창작활동을 엿보이고 있다. 상당히 고무적인 창작활동으로 생각하면서 좀더 기대를 한다면 시대정신을 적극적으로 자기 문학의 영역에 수용하려는 자세가 요구된다 하겠다. 앞으로 본 연간집이 우리 문학공동체 발전에 크게 기여하리라 생각하며, 한국문학 발전에도 많은 기여가 있을 것으로 믿어 의심치 않는다. 끝으로 5집 편집위원들의 노고에도 감사드린다.

2021. 10

대표일꾼 문창길

| 차례 | 창작21작가회 2021년 작품집 5호 |

| 단편소설 |

| 수필 |

[시]

상자를 해독하다 외 2편

강 성 은

열지 않은 상자와 열 수 없는 상자가 있습니다
스스로 갇힌 벽과 저절로 닫힌 문은 어떤 관계인가요 몸은 모서리만으로 넓이를 벗을 수 없는 폐곡선입니다

탈피를 꿈꾸는 여기가 내 정신의 사택입니다 우리의 낡은 종교는 보이지 않는 의지와 닿을 수 없는 신성이고요

코로나와 택배기사와 마스크가 화물차에 실려 왔습니다, 한꺼번에 같은 상자에 염습된 후 봉인된 채로요
상자는 가장 낮은 바닥 쪽으로 기울어진 곡哭을 소맷자락으로 훔쳐냅니다
이것이 상자의 내재율입니다

상자는 늦은 밤을 관통하느라 무채색을 두 겹 입었습니다
어쩌다 고독한 울력에 상자의 모서리가 터지면 하얗게 비명非命이 쏟아집니다 그 소리의 틈을 비집고 개미 떼들이 새까맣게 몰려나옵니다
시간 밖으로 가파른 외줄을 타는 개미들
나는 개미들이 흘린 토막말들을 주워 그 무늬와 뼈를 수습합니다

낮에 놀던 새와
강의 이마인 물결과
동네마다 내걸린 가로등을
이 계절 가득히 담아 주세요,
피토스의 항아리 안에 결박된 마지막 희망도 풀어서요

볼록렌즈

말을 굴려요

말은, 구슬이 되어 빙판을 달리거나
때로는 나의 자궁에 알을 낳기도 해요

이번 생에는
햇빛의 손거울을 볼록렌즈,라고 부르기로 했어요

말의 구체球體에 렌즈의 초점을 맞추면
드러나는 핵, 말의 핵은
씨앗 혹은 뼈에서 움튼 말인데
음싹,이라고도 하지요

어제 엿들은 풍문은 톱니가 맞물리지 않아
약속은 어긋나고
나는 자꾸 돌멩이를 차요

누가 훔쳐내는 걸까요
잠들 때마다 갈비뼈가 하나씩 사라져요

구멍이 숭숭 뚫린 말의 단면에
심장이 찔리기도 하구요

말과 몸이 교접한 부위가 연골이 아니란 걸
처음으로 알았어요

덤불처럼 얽힌 실핏줄을 따라 드니
꽃잠 은가비 새라 맛조이 온새미로……같은
그리운 옛 아띠들이 마중을 나오네요
이곳은,

별들의 눈빛이 머무는 당신에게서, 가장
가깝고도 먼 곳

남은 불씨의 발화점이기도 해요

겨울의 모티브

눈을 마중 나온 사람이 있다
눈과 사람은 설익은 감정을 마주한다

몸을 앉히고, 얼굴을 얹고
손과 발을 묶으면
겨울은 병렬방식으로 직립한다

바람의 옆구리에 화살을 꽂자 지느러미가 돋는다

안으로 부는 바람은
바깥을 응시하는 눈빛과 마주할 수 없어
허공의 시린 등에 얼굴을 묻고 운다

촉촉히 젖은 입술로
당신의 이름을 불러낼 때
고독이
고드름의 형상으로 번식하는 종족

白에서 百까지 다 세기도 전에

체열이 너무 높아 싸늘해지는 몸의 내피를 숨긴다

눈동자가 눈 위에서 급커브를 돈다
커브의 각도에 꺾여 굽이치는 언덕
그 아래로
나무들의 붉은 기침이 구르고_

제 무게의 8할을 그늘 속에 넣어두고
겨울의 모티브가 된 눈사람

오스트랄로 피테쿠스나 호모에렉투스의 후손일까

이미 죽은 몸
오랜 잠을 통과한 둥근 무덤이
하늘과 땅의 경계에서
소리 없이 흐르는 눈물에 젖고 있다

글쓰기 수업 외 2편

강 준 모

종합사회복지관 창문에
어둠이 빽빽하다
글쓰기 수업을 듣는 할머니들
자, 사물에 말을 걸어 보세요
무슨 개뼈다구 같은 소리여
걸어 온 길은 까마득한데
연필심은 힘을 줄 때마다
부러지곤 한다
시꺼먼 가슴을 추수려
흰 종이에 말을 심는다
수전증에 걸린 듯
글씨는 삐뚤빼뚤하고
살아 온 얘기는 비장한데
변비에 걸린 듯
마른 꽃씨 하나 간신히 심는다
뿌린 단어들이 무슨 꽃을 피울꼬
정성스레 꽃을 한 줄, 한 줄 심는다
뼈속 깊이 박힌 연필 심(心)이
들국화 한 송이 키우는 밤이다

오래된 중력이 앉다

중계동 척추교정원 밑 커피점엔 음악이 흐르다 힘없이 떨어진다 중력에 걸린 것일까 아내의 허리 치료가 끝나기를 아내의 외투와 함께 기다린다 스마트폰에서 중력을 잠시 잊은 시를 꺼내 퇴고를 한다

햇살이 들어 외투의 앞단추가 풀리고 의자들이 아주 편하게 보이는 겨울, 아내의 척추는 많이 휘었다고 한다 휘는 것이 정상이지 휜 나무가 근사하지 않은가 의자에 삐딱하게 앉은 내 자세가 한 마디하는 오후이다

중력과 척추의 만남을 떠올리며 허리의 고충에 대해 생각한다 바리스타에서 커피를 뽑듯 척추가 없는 시를 만들 수는 없을까 중력을 극복한 커피향이 실내를 떠돈다 꺼내 본 내 시의 중간 어디쯤 요추 3번과 4번이 수상하다

오후의 커피는 중력을 잊게 한다 교정사의 말대로 서 있는 것보다 앉은 자세가 중요했다 앉는 동안 바리스타는 한 잔의 쓴맛을 내린다 중력을 줄인 음악은 가벼워져 나비처럼 날고 어느새 들어 온 청춘들은 중력에 무관심하다

실연의 노래 가사가 흐른다 이별과 눈물 사이에 협착증세가 있다 이별하고 불탄 자국에서 커피 냄새가 난다 슬픔은 슬픔으로 어루만져야 하는데 내 노래에는 커피의 쓴맛처럼 이별의 은유만 남아 있다

아내의 치료는 오래 걸리고 2인용 탁자 앞에 앉아 있는 오래된 중력을 본다 직립보행하다 잠시 앉아 있는 아내의 접혀진 외투를 본다

백합나무

비보다 슬픈 토마토 쥬스를 먹습니다. 장마라고 하기에는 빗줄기는 불면증에 걸린듯 시들하네요. 천문에 관한 시집을 읽다가 창문에 걸린 비 때문에 긴 바지 접듯 페이지를 접습니다. 토마토가 여기까지 왔을 수고와 사라진 다음의 행방을 공상합니다. 살아 갈 시간들이 먹다 남긴 분량으로 고여 있네요. 구름은 일단의 빗줄기를 걷어들이고 어제 그녀가 남기고 간 습기만 잔뜩 무성합니다. 그녀가 연출한 세월은 소금없이 먹은 닭똥집이었습니다. 오랜만에 만나 목선의 주름보다 믿음직한 손등을 마음 붉히면서 훔쳐 보았습니다. 외로움을 타는 먹구름을 괜히 떠올렸습니다. 십년 전 그녀의 문장은 수식어를 약간 변경했을 뿐 극적이지 않았습니다. 며칠 후면 장마는 다시 해를 부를 것입니다. 약해진 빗줄기를 바라보는 나의 뒷편이 궁금합니다. 수위실 옆에는 키 큰 백합나무가 빗물을 자습하고 있습니다. 창문에 갇힌 나는 얼마간 토마토 쥬스를 후딱 비우지 못할 것 같습니다.

생각할수록 외 2편

김 성 호

생각해 보면
사람들이 욕망에 휘몰려
산야를 허물며 초목화 남벌한 탓으로
주검마다 세균들이 창궐하여
전세계 오백만 목숨을 빼앗아갔다.

목숨이 깃들 곳, 쉬 허락하지 않고
흙덩이 한번 북돋운 적 없는 냉혈로
수림과 벌판 모래밭까지 축조한다며
포크레인으로 갈아엎으면
벌 나비 새가 날아들겠는가?

생각할수록
저들은 죽어서도 영양과 음료를 베푸는데
한번을 뻗가지 묶어 세웠던가
낫과 톱, 도끼와 자귀로 베고 찍어내면서
배반의 언술로 제 위업을 찬양할 뿐
산천을 끊임없이 깎고 무너뜨리네.

한번을 보듬지 않으면서

존숭하고 애호한다 변명하며
들판 가득 공장과 아파트 짓고
길마다 시멘트로 떡칠하여
온갖 부유물 흘려보내네.

생각해 보면
산천초목이 짙푸르러도
풀밭과 언덕마다 소와 양 친다면서
살갗과 털이며 젖으로 치즈를 빚어
달걀을 훔치고 소 돼지를 죽여
햄버거 돈가스 식재로 공급하네.

초목화훼 남벌을 멈춰라
해초 조개 고둥 남획을 말아라
산천어들이 대양까지 항해하다
모천으로 돌아와 몸도 풀기 전
수많은 물고기들 사라지겠네.

난독難讀

일생을 어떻게 살아야

섭리를 다 깨우칠 수 있을까

난관은 돌파해야 뚫리겠지만

궁구의 눈매와 입언저리 떨며

팔다리와 어깨를 뻗대는 기백으로

때로는 긍정, 때로는 부정하면서

본색을 감추려 모자를 눌러 써

머리카락 잘라내고 선글라스 차림새로

경계를 모르면서 오만과 편견에 허우적이다

먹구름 휘몰아 천둥이 귀청을 후려쳐도

몇 음절 협화음에 호응하지 못하여

진종일 계면조만 뺀둥길 뿐이다.

나무의 노래

사람들이 나무껍질을 벗기고 뿌리까지 잘라
옻칠로 덧입혀 절묘한 목공예를 만들면서
개화와 열매의 영화를 기억해 내어
추억 속, 그림책 갈피갈피 넘기네.

수목화樹木花, 삼림숲을 산책할 적마다
연두 초록 청록 숲의 정령들이 윤창을 하면
어디 총명한 짐승 있어 귀 기울여 들어보란 듯
향훈과 보람을 꽃잎과 열매에 다네.

교향악에 어울려 억만 갈래 바람 소리 함께
창공 높이 울려 퍼지도록
감미의 날마다 탄소동화작용하면서
이 세상의 말과 뜻이 하릴없어지겠네.

안개와 걷히면서 신기루가 모람모람 피어나는 날
산골짝 오두막에 찾아든 한 나그네
청솔모를 만나면 까슬까슬 웃음을 나누면서
먼 훗날 거룩한 최후를 예감하여
다갈색 쓰라린 몸살을 퉁겨낼 뿐이네.

부고訃告 외 2편

김 시 연

눈目 속에 슬픈 것이 어른거린다

내 팔은 야위어 슬픔조차 눕질 않는다

하릴 없이 뱉은 입김에
차가운 공기는 바스라져 갈 길을 재촉한다

밤이 밀려오고 밀려가고 부딪힐 때까지
지우고 보고 지우고 보아도
글자는 애먼 눈동자에 박혀
물 먹은 발만 덩그라니 서 있다

오랜 매듭은 가슴 속에 남아서
 밤이 지날수록 헝클어지고
아무 것도 풀지 못한 생각만이 달려든다

마지막 순간에도 손자라는 말에 실눈을 뜨셨던
할머니의 부고에 나는 상복을 입어야만 한다

기억만을 움켜 쥐고 나눴던 시간과

실낱같이 가늘었던 지친 대화가
이명처럼 머릿속을 어지럽힌다

상가喪家

도착한 고향은 몹시도 어두운 밤
바다가 보이는 병원 앞 나뭇잎은 지고 있다
빈소를 찾는다
눈동자는 고인의 이름을 쫓는다
나는 목이 마르다
어항에 든 물고기처럼 갑갑하다
빛도 없고 공기도 없는 어둠이 내린 방
그녀의 흔적을 찾을 수 없다
수증기로 가득 찬 물방울
나는 열이 오른다
수증기 낀 물방울에서
그녀를 다시 불러낼 수 있다면
열이 오른 뺨을 물방울에 부빈다
쓰라린 곡소리와 위로하는 독경
먼 울음 소리
영정에서는 향이 피어 오른다

초침秒針

한 밤의 시계 소리가
나의 귓 속을 바늘처럼 쫀다
일어나 째각거리는 시간을 비튼다
피로한 몸은 그대로 초침에 감긴다

오늘은 아홉 시간 일을 하였다
나는 일절 분노를 잊었다
유리병을 설렁이는 물고기처럼
꿈 같은 이야기는 꿈에서도 하지 않고
필요하다면 눈물을 흘릴 뿐이다
매일 정시에 자는 것이
유일한 무표정의 취미일 뿐이다

벽 한 켠의 시계를 본다
기척도 없이 나를 쫓는 초침은
조각난 꿈의 파편과 대기를 떠돌고
어깨를 밟고 선 숫자들은
어서 어른이 되라고 말한다

한 밤의 시계 소리에
나의 서른 여섯 해가 따라서 돈다

원 플러스 원 외 2편

김 애 리 샤

나는 하나가 아니기도 합니다
나는 둘일 때 진짜가 되기도 합니다
나는 나뉘는 사람입니다

빛나는 다이아몬드로 줄칼을 만들고
정수리에서부터 칼질을 시작하세요
당신의 하루를 나눠 보세요

왼쪽과 오른쪽입니다
위와 아래입니다

나를 사면 아기를 돌보는 노인을 드립니다
우린 모두 쓰고 남잖아요
그러니까 반품은 미덕이 아닙니다

약간의 수치심만 있으면 됩니다
그래야 더 세심하게 나뉠 수 있습니다
더 쓸모 있는 사람이 될 수 있습니다

당당하게 나를 팔아보겠습니다

누구 나를 사실 분 없나요?
나를 사면 강아지와 욕실과 검은 방과 지옥을
덤으로 드립니다

나를 사가세요
원 플러스 원, 그리고 플러스 알파

나는 당신입니다

자화상

고장난 바퀴위에 올라타 덜덜거리는 표정으로 굴러다니지
세상 모든 일이 합법화 된다면 우선 모르핀을 사 모을 거야
사지에 바늘자국으로 전갈문양을 새길거야
사막 같은 구름 속을 무게도 없이 기어 다닌다면
그 길의 끝은 어디에 닿게 될까
발가락들을 갉아 먹는 모래 구덩이의 식욕쯤은 아무것도 아니야
모르핀을 찔러 넣듯 모래들을 먹어치우면 그만이니까
쓸모없이 선한 낙타의 눈알들이 멀리 도망가도록 질겅질겅 씹어서
지평선 끝까지 뱉어버리면 심심하진 않을 것 같아
거대한 시계처럼 보름달이 떠오를 때
그 뒤편으로 숨어들어 마음껏 오르가즘을 느껴야지
초침은 착실해서 박자를 놓치는 법이 없잖아
활화산처럼 폭발하고 그 어딘가에 고장난 바퀴를 묻어버리고 싶어
화산재는 모든 걸 덮어버리는 게 매력이니까
태어날 때부터 인간의 말에 덮인 나는
그 이상도 그 이하도 발음해 본 적 없는 쾌활한 미아, 그러나
세상이 늘 쾌활한 것만은 아니어서
타인들 속에 섞여들어 또 다른 타인이 되어버리는 나는
모래를 씹어 먹는 사람

새벽마다 모르핀 같은 술을 마시며 신에게 다가간다

하늘엔 영광 땅에는 평화
나에겐 표리부동같은 아멘

토르소

명랑한 저녁입니다

사람을 믿는 일이란
몸통만 있는 개가 되어가는 것입니까
입이 없는 개는 없는 귀를 의심합니다
꼬리로만 말합니다

차가운 쇠기둥이 내 속에
박혔습니다
아랫도리부터 심장까지
관통했습니다
시시각각 나는 당신을 믿는다고
믿었습니다
자상한 쇼윈도 같은 당신은 나를
투명하게 진열했습니다

나는 사지 잘린 개가 되었습니다

그래요, 나는 몸통만 남은 채

투명해졌습니다
내가 지워지는 사이 당신은
안녕하셨나요
있지도 않은 충직한 나의 꼬리는
웃음을 흘려댑니다

당신이 내 뒤에서
내 머리통을 들고
조용히 따라오는 저녁입니다 나는,
없는 머리통을 흔들어 대며
더 할 수 없이
명랑한 저녁이라고 생각해 봅니다

나는 사지 잘린 개가 되었습니다

삶은 계란을 먹으며 외 2편

김 영 수

인덕션 센 불에 15분 정도 삶다가 찬물에 4, 5분 담가 두면
껍질 속 생명은 숨 끊긴 유기체가 된다
삶 끝까지 날아보겠다는 간절함이
아니 도축장으로 팔려 가기 전 100일 만이라도 살아보겠다는
애절함이 사라진 갈색 껍질을
오후 5시 22분의 허기진 손끝으로 벗긴다

'껍질을 깨는 아픔' 은
숨 붙어 있어야만 누릴 수 있는 호사스러운 말장난

떠나 온 무창계사無窓鷄舍 암울한 고향은
삶과 죽음의 중간 지대에 있었다

튼실하게 앞 가슴살이 되어야 할 흰자위는
미끈거리다 이빨 사이에서 파열되고
붉은 심장으로 변신해야 할 노른자위는
혀 위에서 버석거리다 목줄기를 타고 넘는다

생生이 삶을 위해
생生을 삶아 먹는 슬픈 모순

어떤 죄의식도 미안함도 소금 알갱이만큼도 없이
세 생명은 날아보지도, 땅을 밟아 보지도 못한 채
오늘 오후 5시 40분경 뱃속으로 입관入棺 되었다
그 흔한 찬송도 염불도 없이

아직은 튼튼한 위장 속 3일 장葬 변비 대신
빠르면 오늘 밤 달빛 조용한 시간에
숨 끊겨 파편이 된 세 알의 유정란有精卵은
화장실 변기 속 우울한 통로를 따라 하관下棺될 것이다

무의미 속에서 길을 잃은
무기無機의 해탈과 윤회를
유기有機의 기독과 부활을 더듬으며
삶 경계 너머 또 다른 인공부화의 줄탁이 있을 것이라는
허망한 미련을 품은 채.

* '껍질을 깨는 아픔' : Hermann Hesse의 〈Demian〉에서 차용.

설악雪嶽

영겁의 시간을 건너온
산은
깊은 설화說話가 되어 제단을 열었다

투명한 바닷바람을 안은
숲의 나목들은
하늘을 향해 푸른 바램으로 기원하고

산마루에선
흩어지는 구름이 무채無彩의 향연香煙으로
산을 향했던 자폐의 마음들을 진혼한다

1월 초순
아린 햇볕이
학사평鶴沙坪에서 참회로 부서질 때

이제서야 나는
외진 산기슭에 오체투지五體投地로 엎드려
번제燔祭를 준비한다

사람의 눈으로 산을 바라보면서.

* 학사평鶴沙坪 : 속초시와 설악산 사이에 있는 벌판.

낙엽

어제 오후 2시 40분쯤 종각역 11번 출구로 나와
생각 없이 포도鋪道 위로 세 걸음 걸었을 때

'툭!'

가지에서 떨어진 플라타너스 낙엽 하나가
내 왼쪽 가슴을 덮었다

오랜만에 목 뒤까지 세수하고
날갯짓하는 Dove가 화장실 천장으로 날아가게
있던 자리에 가지런히 놓은 아침이었기에
우연은 결코 일어날 수 없는 하루였는데

17도 8분으로 기울어진 명왕성 따라 카론이 공전하듯
그 해 가을 종로에서 끝내 만나지 못한 첫 여인이
필연 속 우연을 빙자한 사기처럼

이제는 바스러지듯 물기 다 빠진 채
왼쪽 내 가슴에 얼굴을 파묻고

메마른 갈색으로 올려 바라보고 있다

중력 잃은 아픈 가을이 지나가고 있는데.

* Dove : 비누 상표.
* 카론(Charon) : 下界의 神. 명왕성 위성 중 하나.

바닷가에 서서 외 2편

김 은 옥

아무리 가난한 바람이라도
무료주차를 거부하고 떠나는 바다에 와서
왜 나는 두고 온 창문들이 생각나는지요
하루에도 몇 번씩 햇빛을 까무러치게 하던
창유리 조각들이 물결마다 번득입니다
표정을 알 수 없는 칼날 같은 눈빛들
창문들이 섬뜩할 때가 있었습니다
엎어지고 포개지고 고꾸라지며 달려오는
파도의 끝없는 인해전술 앞에서 꼼짝할 수가 없네요
바다가 온통 깨진 유리 조각으로 가득합니다

밀리고 밀려오는 인도와 찻길 넘어
버스 정류장 너머
전철 승강장 너머
광장 너머
저 너머 너머
너머들끼리 모여 사는
마을도 넘어서
그 너머로 이 바람은 불어가고 있겠지요

왜 바람은 무료주차를 거부했을까요
이리 드넓은 백사장을 마다하고서

감시카메라 같은 유리창들을
매달고서도 지치지 않는 파도를 닮는 것도 좋겠어요
파도의 인해전술을 배우려 해요
구름이 바람 따위 피워대다가 금세 꼬리 감추고
머물지 않으려는 바람이 급히 스쳐 가고 있었지만
노을도 깨어져 파도와 몸을 섞으며 피 흘리는 저녁입니다

누군가 철썩철썩 주차 과태료를 갯바위에 찍어대는 밤
내 마음의 파도가 바다를 향해 인해전술을 복습하고 있습니다

새들의 특별시

어미가 방독면을 쓰고 허공을 바라본다
하늘 들판에 거미줄 같은 노선을 빽빽이 새겨 넣기까지
수많은 어미 아비들이 희생한 시대를 기억하는 중이다

눈 깜짝할 새 뚝딱 완성되는 도시의 힘
쉴 새 없이 전진하는 문명이 블루 홀 빛 닮은 오존홀을
만들어내고 있다
뼈를 튼튼히 키워야 할 도시가 근육위축증 앓는다
구멍 숭숭 뚫린 엽록소의 관절들이 부러진다
도깨비 같은 문명의 비소가 허공에 가득하다
어미 새는 돌연 변종의 고등동물들을 내려다본다
온실효과는 숲을 서서히 사막으로 만들어 갈 것이다
오존홀의 벌어진 입에서 나오는 악취가 빛의 속도로 퍼진다
어미 새가 곧 솟구쳐 오를 기세다
저 아가리를 향해 핏줄이 불끈거린다

쥐라기 시조새로부터
멸종한 족보들의 비상飛翔하던 발자취까지
일억 오천 만 년 동안의 연대기를 간직하고 있다

기록은 계속된다

지금 새끼 새들은
움찔움찔 치솟는 기운으로 한창이다
날개를 들썩이다가
엉덩방아를 찧기도 한다
어미의 어미들 아비의 아비들의
하늘 들판 가득했던 힘찬 날갯짓을 닮아가고 있다
이제는 새로운 노선을 하늘에 새기고
새로운 도시를 세워야 할 때

한 무리의 새가 나뭇잎 사이로 아득하게 깃들고 있다

예약된 시간들 · 2
-아파트 재건축 현장

불도저가 이승을 퍼 나르는 흙더미에 오래된 저승이 묻혀 실려 가면서 피식 웃는다 발인도 운구도 따르는 이 하나 없는 그래서 더욱 환한 빈터 단호한 집행자의 집게발 아래 소름 돋는 팔을 문지르다

사인死因도 불분명한 임종을 조문하고자 소나기들이 달려왔으나 철제문은 굳게 닫혀버렸다 예정된 죽음이었다

이제 비가 직선으로 긋는지 사선으로 긋는지는 어느 입으로 씨부렁대든 내 알 바 아니다 정월 어느 날의 노인의 방화자살도 온몸 퉁퉁 부었던 붓기가 빠질 새도 없이 영영 간 여자의 마지막도 열아홉 소년의 수능점수 비관투신도 아파트 칸칸이 낡은 꿈들과 함께 버림받은 지 오래

높은 철제문 다시 열린다 집채만 한 상여들 노제 떠난다 닫히고 열리고 다시 철제문이 닫힌다 장대비에 짓이겨진 아파트 뽑혀나간 검은 구덩이들마다 예비청약자의 호기심이 두근두근 선글라스 벗는다 봄볕 아래 이중삼중으로 늘어선 호기심들 끈기 있게 진맥 차례 기다리는데 철제담장 너머에서는 뇌 속까지 환히 비어가는 햇살의 염습을 마저 서두르고 있다

그늘의 차이 외 2편

김 종 휘

실직한 막내아들
찾아오신 어머니

“네 얼굴에 그늘이 졌구나
무슨 걱정 있다더냐?”

깊은 숨 감추시는 어머니

“아무일 없으니 걱정 마세요
밥 잘 먹고 건강히 직장 잘 다니고 있으니…”

내 얼굴의 그늘 숨기려고
푸른 나무 밑으로 숨어드니

어머니는 세상에서
가장 어두운 그늘
주름살 깊은 얼굴을 가리셨다

햇살 뜨겁게 아프던 날

옷 가게 앞에서

옛날 옛적 나뭇꾼이
훔쳐놓은 옷 한 벌
쇼 윈도우에 걸려있다

꽃 나비 가득한
원피스 한 벌

사랑을 위해 입어야 하는
사랑을 위해 벗어야 하는
모순의 옷

잃어버린 옷 찾아 헤메던
선녀를 생각하며
옷 가게 문 열고 들어선다 .

진눈깨비

눈과 비
한 몸 되어 내린다

하나이면서
하나이지 못한
너와 나

한 몸 되어
질척거리는

이 불륜不倫

갠지스강 외 2편

김 홍 섭

꽃 바치고
불 바치고

아침 저녁 기도

생사의 길에
삶과 죽음의 공존

냄새와 허공에 울리는 종소리
새벽 안개
저녁 노을

가난
미망인가
믿음인가

생과 사가 만나는
강물과 시간의 흐름

갠지스의 안개

여명을 저어가는
작은 배

새벽 파티마*

구름들 오롯이 솟아
서로 바라보고 대화하는

둥그런 소나무들
잔목들 우거진

양떼들
양치기 소녀들
성모님 발현을 보내

괴롬과 슬픈 세상에
위로와 평안 주시려
목동들에게 보이시니

사랑과 자비
속 좁은 시대
믿지 못해 핍박당한 아이들

여기

기도와 정성을 모아
거룩한 성지로
많은 외로운 사람들 모이는

세계의 성지
붉게 여명 밝아오고

아침 이슬 머금고
파티마는 오늘 하루
거룩한 아침을 맞는다

* 파티마는 포르투갈의 산타렝 현 빌라노바데오렘에 있는 마을로 세 명의 어린 목동에게 성모 마리아가 발현한 성지.

유적의 새소리

수백 년 넘는
사이프러스 나무
하늘 높이 솟고

잠든 유적의
숨은 전설들이

꾀구리꾸요
꾀꾸리꾸요

주고 받으며
노래하는
수천 년의 시간

무너진 성벽

인공이 흩어져
자연으로 돌아가는

낮은 땅과
흙의 회귀

꾀꼬루 끼고
끼루꾸 꾸구

천년 여름 한 낮

새 소리만
잠든 공간에
메아리 친다

바람 외 2편

문 창 길

어둔 밤 바람이 분다.
바람이 분다. 미아리
그림 같은 순이의 가슴 속에
바람은 세차게 분다.
잔술이 흔들리고 한백년 살고 싶은
혁이의 사랑이 흔들리고
어머님의 주름진 소망이 흔들린다.

희망처럼 떠 있는
순이의 별꽃이 흔들린다.

어머니를 생각하다가

눅눅한 서울의 끝에서 불어터진 라면을 입에 물고
빌어먹을… 분꽃들을 흘기며
김춘수 시인의 무의미 시를 읽고 있다
찌찌륵 파랑새의 서툰 노래 소리에 미쳐
원고지 몇 장 넓이의 세상을 쉽게 흘려버린
세라믹펜의 그림자 속에 어머니의 얼굴이 그려진다
아스팔트를 구르는 내 알몸이 석간 사회면에
포장되어 하수구에 처박히는 분연의 밤이 된다
음울한 빌딩을 넘어 또렷이 떠오른 달빛 아래
일그러진 어깨의 슬픔만큼 어둠은 무거워지고
무거운 만큼 어설프게 쌓인 별빛들이 유형의 이슬에
젖고 있을 때 바람이 분다
하늘에 계신 아버지의 영혼이 떼밀려 오고
대방동에 계신 어머니의 간절한 희망이 달려온다
간절한 희망이 달려온다
잠시 가슴을 열어 남은 병소주를 마저 찌클면
물드는 가랑잎 사이로 붉은 피 흘러든다

겨울 골목집에서

알전등이 움츠릴 때마다 그림자 하나 흔들린다
흔들리는 만큼 헐값으로 벌리는 진희의
가랭이를 적시는 어둔 역사가 삼양동에 있다
계절병처럼 찾아든 꽃바람에
잦은 기침을 밭아내는 십팔 세 진희
시린 어깨를 웅크리며 누구인가
알 것도 없는 사내들의 옷자락에 매달려
미치도록 슬픈 사랑을 팔고 인생을 파는 …
잔뜩 철거쓰레기를 담은 덤프추럭이 지나칠 때마다
'이 몸도 실어 가세요' 라고
악다구니를 해대며 비틀거리는
아름다운 시 팔년이 하나 있다
이 차가운 시대 가슴만 서정어린 골목집 그 어둔
주막집에서 얼굴도 없이 돌아서는 사내의 뒷모습이
슬프다며 고개를 주억거리는 진희년이 정말
슬픈 것은 속가슴이 하얀 눈꽃이 그립기 때문이다

인민의 그리운 해후 외 2편

박 금 란

길고 험한 밤길
찬 서리 맞고 오셨나요

바지가랭이 다 젖은
풀잎 이슬 헤치며 오셨나요

번쩍번쩍 우르릉 꽝 하늘이 다 쏟아져 내린
장대비 맞고 오셨나요

기다림에 안방 문 열고 보니
폭설 헤치고 눈사람 되어 오셨네요

혁명은 피 값을 받아내는 거
피 묻은 칼로 오셨네요 승리의 보검으로 오셨네요
일당만으로 적을 해치운 용사 중의 용사
그 눈동자에는 어찌 그리 인민이 가득 담겨 있나요

인민이라 하면 자다가도 벌떡
천리 길 마다 않고
백두산 백마 내달리듯 내달리시는

백두산 산삼보다 귀하디귀한 백두산 혁명이라는 몸으로
인민과 함께 얼싸안고 승리의 눈밭을 뒹구는
소년으로 오셨네요 희망으로 오셨네요

온천지, 우주 하나 밖에 없는
태양과 한 몸으로 오셨네요
만인을 살리는 생명으로 오셨네요

주한미군은 패잔병

목줄 매달린 개가 되어
전쟁에 미친 미제의 손에 잡혀
한미연합훈련
질질 끌려 다니지 않는다

미제는 제국주의 패권을 위해
우리민족 갈라놓고
남녘을 멱살 잡아
감방에 처넣고
정치도 언론도 법도 교육도 군인도 휘어잡아
살을 발라 처먹으며
포식을 해왔다

이제는 아니다

민족이 주인 노동자가 주인 농민이 주인
민중이 주인
새별로 닻을 올린 주인들
우리민족은 미제에 충성하는

개가 아니고 인간, 주인이다

미제의 학살로
피에 젖은 강토 갈아엎으며
봄농사 벼리고

한미연합훈련 들이미는 지배의 몸통
폭파하는 승리의 주인
우리의 무기 반미의 칼날
햇살에 번쩍이고
미제의 두 눈을 찌르는 승리의 쌍칼
이제는 우리민족이 내리치면 된다

주한미군만 도려서 처 죽이기 전에
내빼라 주한미군
도망치는 패잔병은 봐줄 터이니
변화된 시대도 모르고 깝치지 말고
이제는 한미연합훈련 어림도 없다
알아서 기어라

찬란한 봄 인사

풀뿌리들
생명을 동아줄같이 엮어서
초르르 싹눈 틔워
겨울을 물리친 무용담
이 골짝 저 골짝
아리 아리 우리 우리
우리들의 통일찬가
앞서 부르는
초롱초롱 맺힌 싹눈
우리들 편이 얼마나 많은가

미제놈과 국짐당 고깃덩어리 몇 개 빼버리면
모두 우리들인 것을
우리 우리 함께 하리
미제놈들이 좌지우지 하는
매국노 언론에 잠시 머리칼 얽혀도
봄 색시 얼개 빗 들고
고이 고이 빗어 내리니

맑은 봄빛으로 단장한
민중의 억센 힘으로
세상천지 제재와 학살로 몰아붙이며
지네 배만 처 불렸던 미제의 배때지가
세상해방 인간해방 염원 간절한
민중의 날선 되갚음으로 벼려진
팔천만개 무기로
쩍 갈라지고 말 것이니

미제의 졸개 국짐당 무리들
혼비백산 산산이 흩어져
뻗어버린 미제놈
살필 틈도 없이
언제 상전이 있었더냐
지 갈길 찾을 터이니

우리 우리 민중만 믿고
민중과 뜨겁게 함께
당차게 싸워 나가면
십년 안에 통일을 이룰 수 있다
조선천지 싹터오며 몰고 오는
해방의 기세 생명의 기세
서리서리 봄 빰에 맺힌다

통일이라야 민중이 산다

세상을 뒤집는 봄바람 힘
조선천지에 가득하니
민중의 힘 치솟아
우리 대에 통일을 할 수 있다

십년이면 변하는 강산
십년이면 통일되는 세상
민족의 땅 찬란한 조선반도여
우리는 통일을 움켜쥐었다

내 이름은 로사 외 2편

박 승 일

내 이름은 로사
열아홉 살
나는 혼혈인 물라토
푸른 바다섬
민둥산 언덕 움막에 살죠

수평선 멀리 아침 해가 떠오르면
나는 재빛 움막에 기대어
해를 바라보며 꿈을 꾸어요
저 대양을 날아가는 흰 새들의 꿈을
내 선조들이
쇠사슬에 피흘린 악몽이 아닌
장미빛 꿈을

파리의 태양 분수대 파초처럼 걷고
해질녘 테즈강 숲속 바람 적시며
오렌지 향기 날리는 창가를 바라 보아요

사랑하는 이 가슴에 안겨
가을날 은빛 종려나무 숲을 걸어가리라

나는 살아가리라

꿈! 꿈이예요
우리네 삶은 꿈을 이룰 수 있나요?
알바트로스 꿈을

난 오늘도 민둥산 흙길을 따라 홀로 집을 오르죠
풀, 나무, 산사꽃, 이슬 젖은 이끼와 물고기,
노래하는 새, 꽃들은 어디에 있나요?
아! 민둥산

모르나 흐르는 밤
우리들 사랑도
잃어버린 꿈도
흘러가죠
망각된 열정을 불태우죠

오! 음악의 숲, 새들의 정원!
청동밴드는 울리고
우리는 카리브 어부처럼 몸을 흔들죠
바다에 몸을 싣듯 우리 꿈도 파도처럼
밤이면 대양은 어둠에 잠겨있고
열대의 숲은 깊어만 가요

2

바다섬 내 고향은 제국들의 식민지
우리들 대지는 슬픈 마리아처럼 말이 없었네

꼼프란 드롭
꼼프란 드롭
동전하나 주세요
동전하나 주세요

여섯 살 어린 나는
공원에서 노래 불렀죠.
검은 눈망울 하늘 보며
망고 바구니를 든 엄마
로사는 몽당치마 맨발로
공원길 포석따라 검은 발자국들
돌고 돌아요
바에는 하이네킨
종려나무 연인들

바다섬은 대양위에 솟은 유형지
새들도 떠나 버린 섬
춤은 우리를 불태우고
모르나는 우리를 잠재우죠

아!나는 살아 가리라
아젠테 전사들의

타오르는 눈빛을 기억하리라
올로쿤이시여!
군함새의 날개를 나에게 다오
사슬에 피흘린 어머니 묘지
내사랑 민델루
나의 섬 나의 바다여!

* 아프리카 서해안 카보 베르데 라는 작은 섬나라 이야기입니다.
* 테즈강은 포르투갈의 수도 리스본에 흐르는 강
* 모르나는 그 나라 발라드같은 음악입니다.
* 민델루는 그 나라 여러 섬의 작은 항구입니다.
* 올로쿤은 아프리카 바다의 신.

개 죽다

동네에 이름 모를 개 한 마리
그대는 지금 죽고 없지
나 그대 눈동자를 안다네
아무도 믿지 않던 그 눈빛을
그 누구도 다가갈 수 없음을

사람 손에
굵은 나뭇가지 목매 달아
죽을 고비 살아난 그대
나는 그 마음을 안다고 해야겠네

산골마을 언저리 돌며
나그네처럼 떠돌던 슬픈 눈동자여!
인간의 사슬에서 멀리
자유를 아는 고귀한 짐승!

비가 오나 눈이 오나
산빛 광야에서 살아온 몸
겨울비 맞으며 먼 발치에서

바라보던 그 눈동자
그대를 추모하여라.

결국 모진 칼날에
스러져간 간 그 대
잘 가시오 잘 가시오

깊은 숲

사람들이여!
나에게 오라
깊은 숲으로 오라

아침 이슬 눈부신 태양
새들 노래하며
바람 부는 날
푸른 잎들 햇살 춤춘다
밤이 오면
하늘 별빛 숲에 어린다

향기로운 숲은 너희들의 고향
내가 그대들에게 생명을 주었구나

무정한 바위에 선 자들이여!
황금과 사슬에 갇혀
꿈을 잊은 이들이여!

저녁의 후회 외 2편

박 주 하

꽃을 사랑한다면
끔찍한 마음은 그 꽃 밑에 누워야 할 일
그러나 이미 살구꽃 핀
저녁들을 후회하던 참,
골목마다 헐값으로 꿈을 밀어 넣고 나자
모든 것이 사소하고 충분했으며
비에 젖을수록 맨발이 딱딱해진다
위로가 습관이기에
슬그머니 손을 놓고 돌아서지만
물 깊어 건너지 못하는 다리는
결코 당신의 불운이 아니다
마음을 다쳐 몸 안에 갇혔으니
입 벌린 고요에서는 죽음의 냄새가 난다
캄캄하고 작아진 마음들이 밀려드는 저녁
어둠을 핑계 삼아 질기게 불안을 껴안으니
불행을 너무 쉽게 불태우고 난 기분,
소리 없이 혼자 뜨거워진 심장을 버리고
흰 새가 떠나간다

몰歿

숲은 나비의 운세를 접었다 춘몽과 길몽 사이를 오가며 한가로이 춤을 출 것이란 말, 온 들에 꽃이 만발하였으니 그 향기를 탐낼 것이란 말, 그런 것은 아무래도 미래에 닿지 않는다 다만 오늘의 힘겨운 숨을 몰아 묵시默示의 수렁에 흘려 넣는다 심호흡을 물방울에 적셔 후박나무 잎새에도 적어둔다 햇빛을 좇아 자리를 가려 앉는 나비의 잔등이 반짝인다 저렇게 여리고 아름다운 등짝을 가진 자는 삶이 아니겠구나 그것은 삶이 되기 이전의 문법, 일생을 등만 보이며 목숨을 일군 이를 생각한다 미래를 가진 적이 없으며 미래를 원한 적도 없는 사람, 미래를 원하지 않았으므로 더 깊은 미래에 있는 것 같은 그림자에선 향기가 났다 결코 뒤를 돌아보지 않는 삶의 겨드랑이에서 풍기는 몰歿의 내음 가뭇가뭇 흔들리는 그 숨결을 더듬다가 붉은 꽃잎처럼 문드러진 전생이 있다 찢어진 날개를 접는 나비에게 당신은 누구의 상처냐고 물었을 때 그는 말했다 나는 언어들이 지나가는 몸, 벌레들이 꾸는 꿈 숲은 최초의 감정으로 나비를 받아 안는다 더 어둡고 더 먼 곳을 바라보는 나비의 눈빛 속에서 바람이 분다 몰의 틈이 격하게 벌어진다

눈물을 마시는 나비

아마존의 어떤 나비는
거북이의 눈물을 빨아 먹는다지
그 눈물을 모았다가 암컷에게 선물한다지
가장 사랑하는 이에게 주는 짠맛
너에게 준 짠맛은 소문이 되었지
소문을 헹구다가
안개의 옆구리에 매달려 울었지
뼈아프게 살고 싶어졌지
염분을 만들지 못하는 나비가 되기로 했지
산에 가면 산새
물에 가면 물새가 되기로 했지
가장 사랑하는 이에게는
아무것도 주지 않기로 마음 먹었지

사자 고추* 외 2편

박 창 민

멍이 붉거나 퍼렇기도 하다니

안 매운 고추도 북쪽에 가면 독해지는 거야?
거기도 사람 사는 곳
사자에 물려가도 머리만 멀쩡해라

좌판에서 투명한 봉지에 담긴 피망
값이 무서운 놈들, 만지지 말고 보라며
물 건너지 않은 휴전선 아래 철원산이라며

동물의 왕국에서 본 맹수 수컷
아랫도리를 다쳤는지 붉은 기가 보인다
파란 나무 검은 그늘에 엎드려 핥으며
놀란 시청자를 물끄러미 보면서
괜찮아, 흙모래 매운 초원에 이쯤이야 싱겁지

피투성이가 되어 북한을 탈출했던 병사
이제 멍만 남았다며 입 붉게 터트리며
남쪽은 살기가 달곰할 것 같아 탈출했다는 웃음이
아직은 좀 알싸하다

넓은 식탁에 오른 피망 잡채로
세상 물정 모르는 애들 입맛을 으르렁 다스리려
색깔 가리지 말고 다 먹어,
언젠가 본 슬픈 얼굴이 자꾸 남아도니까

*북한에선 피망을 이렇게 묘사한다.

5030

성능만 늘어나는 차, 자꾸 뒷덜미만 잡아당긴다
이건 벌금 명목을 늘리려는 꼼수
앞으론 풀고 뒤에선 세금으로 채우려는 계획은 통한다

재난지원금 받고 잔액이 줄어드는 문자에
몇 정거장은 걸음으로 채우려는 중이다
어느 대학교 앞 팔 차선 도로 건널목에 막 닿으려는데
승용차가 목 넘어가다 앞이 막히는 소리
꽝, 하는 장면이 서늘하게 덮친다
신호 위반한 오토바이만 보도 쪽으로 도착하고
사람은 차도에서 멈춘다
와, 겁나게 빨라 시속 75km쯤 되겠더라
놀란 학생들 말에
준수 속도 50이 건널목 위로 보이고
속도를 모르고 지나온 내 뒷덜미에 소름이 돋는 건
몇 걸음 더 빨랐으면 2차 피해자가 될 뻔했다는 사실이다
뒷모습을 봐야 사람을 알 수 있다는
여러 번 느리게 읽어야 속도 보이더라던 선친 말씀이
후진하는 속도로 빠르게 도착하는 날

5030
정책에 반대하던 한 사람
빠른 사고에 뛰던 심장을 천천히 진정시키며
다친 사람에게 다가가 손을 내밀면

드러누운 내가 아직은 멀쩡한 나를 보고 있다

수달, 마실 가다

수요일인 오늘

수영구 편의점 창고에서 나들이 주범이 잡혔다
수영천에서 살다 마른 세상 구경이 하고 싶었겠지
수영장에 놀던 애들 몸을 데우고 싶었던 까닭과 같았다

수수한 저녁 생각에 젖은 몸 말리고
수수께끼같이 세로로 다니는 동물 몰래
수세미꽃 진 꼬투리만큼 남아있는 흙길을 거쳐
수로부인 웃음보다 짙은 조명에 눈이 끌렸다

수상하게 여기는 암고양이 흘금 지나치고
수정보다 투명한 유리 벽 열릴 때
수락하는 줄 알고 천연덕스럽게 들어갔다
수년이나 묵은 비릿한 내음에 끌려
수줍은 듯 살짝 열린 곳으로 들어서자 탁, 닫혔다

수초간 멍해지려 하면 바로 야생으로 훑어본다
수많은 먹을 것과 버려질 것들이 바로 구별된다

수돗물 트는 소리가 들리고
수건을 찾으러 창고로 들어온 아르바이트생 눈이 환해진다
수영하다 갑자기 불어난 물길 비명 아래로 쏟아지면
수비적인 몸으로 한껏 웅크린다

수 없이 헤쳐 다녀도 이렇게 놀라움에 포위된 적 처음인데
수염과 털 빳빳이 선 채로 구조대 가죽 낀 손에 조심 끌린다

수로왕, 모처럼 마실
수소문하며 찾던 허황후에게 돌아가는 날이다

반쪽의 세상에 살아요 외 2편

변 예 랑

발이 묶여있어요
수직에 대한 믿음 때문에 뭍에 잠긴 발을 뺄 수가 없어요

방향을 돌리기엔 이미 늦었나 봐요
반쪽만 열린 세상에 적응하려면 높이를 키워야 해요
부족하면 담을 담이라 말하지 못해요

담 너머에 대한 궁금증은 버려요
절반의 안식을 위해
바람의 아귀를 잘라먹고 의연하게 버티는 중입니다

타고 내리는 것들과
타고 오르는 것들은 발톱이 서로 달라요
꼬물거리는 손톱이 충분히 자라도록 매일 햇살을 먹어요

어슬렁거리기에 적당하고
허공을 향해 뒷짐 지거나 기대서기에 제법 편해요
사람을 잃어버린 사람이 컥컥 핏물 토해도 비켜서지 않아요
벽을 넘는 사람들을 위해
등 뒤의 세상은 잠재워둡니다

오물을 버리는 끈적한 눈빛도
병 조각 비집고 핀 꽃 한송이도
넉넉히 품어 한 줄 두 줄 떳장이 생겨납니다

막돌처럼 추락과 상처가 일상인
작것들 안고 골몰하며 사는 반쪽의 세상
기울어진 제 그림자 붙들고 저녁의 시간 속으로 들어갑니다

생각을 뒤집다

푸석푸석 버려야 할 것들이 매일 생겨난다
쓸데없는 생각들이 우후죽순처럼 돋아난다
바위틈에 심어둔 뿌리에 대한 불안감이
곁가지들의 떨림을 키운다

햇살에 달궈진 몸집이 달근해질 때
환한 그 생각을 가두어 두려고 생각의 망을 친다
생각할수록 기분이 좋다 싶다가도
생각의 방은 순식간에 어두워지고 허물어진다

생업이 하루아침에 무너져 내리는 일
자국 없는 상처가 가슴께로 파고들어 오는 일
가족이라는 이름으로 같이 주저앉아
점점 슬픔의 그늘을 늘인다

불안의 자리에서 이탈을 꿈꾸는 나무
벼랑 아래로 떨어져 내린 나무의 그림자가 비척거린다

자고나면 그늘의 넓이를 줄일 수 있다는 생각

가슴에 내려 닿지 않는다
스스로 신의 이름을 불러야 한다고 생각하다가도
뒤집을 수 있는 것이 생각이라고 뒤집어 생각한다

어떤 외출

가볍게 집을 나서야 한다
빨간 벽돌담 너머로의 첫 외출을 꿈꾼다

거미집이 장대비를 삼키고도 태연한척한다
폭우가 다녀간 길목에 잔 나뭇가지들이 찢겨져 뒹군다

신음을 소음처럼 듣는 사람들의 혀는 부드럽다
말의 고저를 넘나들기에 충분한 성대를 가졌다
바람이 일지 않아도 고음이 수시로 터져 소음이 된다
소음으로 신음을 생산한다
소나기로 내리는 소음을 받아내기엔 손이 너무 작다
울음이 사각의 어둠 속으로 끌려들어 간다
밤이 계속된다

태아처럼 움츠린 몸이 통증에 점점 무뎌지고
밤새 여린 신음 게우다 잠이 든다

맨발로 집을 나서는 일은 슬프다
가장 슬픈 그림자는 목적지가 없는 뒷모습이다

아이는 잠이 든 채로 어둠에서 나와
소통이 부재된 엄마 집을 가볍게 떠났다

신음이 고음을 잠재우고 사라져버린 집안으로
낯선 침묵이 흘러들었다

바람의 일깨움 외 2편

보 운

물방울 한아름 안고서 흩어지는 해변가
하염없이 다가오는 파도 허공꽃에 갇혀버렸네
긴 세월 바위섬은 어느 몸짓에 의지하려는지
적적 고요함에 묻혔네.

눈 언저리 비치는 눈물은
나의 긴 밤 기억하려는 몸짓
앞다투어 대지를 향해 달리는 저 눈꽃들은
허공꿈을 품는 인형살
지나간 그 군상群像들 일깨우네

바닷가 눈송이송이 기억되살리려
옛사람들 발자국 무한히 주워담아
욕망과 애락 그림 한 폭으로 채웠으니
다가오는 파도의 끝그림자에
과거 흔적을 부지런히 지워가는구나

머언 먼 파도를 바라보니
욕락을 갈구하던 몸부림들
각자 그림으로 새겨져 이르나니

바람으로 내달리는 그림자의 숨결 거치네

바람은
허공에 흔들리는 몸짓 살피라고
지워가는 파도 살피라고
불현듯 스쳐 귓가 포말을 전하네.

분별하지 않는다면

기나긴 기다림의 어둠이 지나서
생명을 품은 두 줄기의 빛이 솟아났고
사랑과 미움을 뭉쳐서 인연을 일으켰으며
서로의 끈으로 인연의 그물을 펼쳐놓았네.

알음알이를 분별 담장으로 삼아
다양한 연극 무대를 설치하고
그림자의영혼을 쫓으며 서로가역할을 바꾸어
휘젓고 누볐으나 공허한 그림 그렸던 것

세상 몇 십년 분별의 그림에 취하여
한바탕 꿈으로 번민을 일으켜 얼굴에 새겼으니
괜스레 세간에서 눈빛없는 영혼 붙잡고 춤 추네
자욱한 먼지무대를 펼쳐가며 허공 기둥을 세웠네.

장야長夜의 어둠 빛으로 밝히고자 달려왔으나
오히려 순간 너와 나를 분별하여 번민에 휩싸였으니
서로가 만남을 벗어나 기쁨도 슬픔도 없을 것인데
바람그물에 갇혀 치열하게 욕망을 쫓는구나!

타오르는 불꽃은 공중으로 날아가 듯
그대와 나를 벗어나 푸른 하늘 바라본다면
펼쳐진 대지가 연극무대로 변해가 듯
맑은 영혼의 기억 일어나리라.

빈손을 채우면서

천하의 가난했던 시절에
그대가 내밀었던 손길에 스치던
한 주먹의 밥과 물 한 그릇

그대는 인심人心이라 말했지만
나는 은혜라고 대답하였고,

저녁노을 마주하고
손바닥을 뒤집으며 그것을 생각하니

나에게 주어진 것이 쌓이고 쌓일수록
허무와 욕망이 늘어가는 것은 ……

지금도 알지 못하고
하늘을 향해 팔을 휘젓는 것.

법정사지 봄빛 외 2편

송 인 영

흔적은 풀꽃으로 허기를 달래는지
한라산 둘레길에 희미해진 절을 안고
무오년 그 바람소리가
쌀알을 고르고 있다

손등의 밥물 같은 600고지 능선에서
돌아올 스님들의 승전보를 기다리듯
꽃은 또 한 사발 쌀밥
고봉으로 올리는데

그날의 함성들을 메아리로 불러내면
화답하는 풍경들 낮달이 저며 가도
풀꽃은 푸른 적막 눈으로
먼 바다에 가 닿는다

광양만 매화

괭이잠만 자지 말고 깊은 잠을 자라고

코로나에 취업 한파 미세먼지 가득해도

토끼표 수면양말을 살며시 놓고 가시는

4월, 동광리에서

쇠뿔도 오그라지는 정월 상달 그 어간
죄라면 난리 피해 숨어 산 게 전부인데
어느 날 첩첩한 어둠 사이
끼어버린 사람들

산에서는 몸이 얼고 내려가면 아득하고
사냥개를 자처한 무서운 아귀를 피해
독 안에 웅크린 쥐처럼
한겨울을 견뎠으니…

꾸며낸 이야기도 이 보다는 슬프지 않아
구름 위에 마음을 서책처럼 쌓으면서
세월이 다볼다볼 흘렀지만
아직 봄은 오지 않고

골목길에서의 대화 외 2편

안 재 홍

구부러지는 것은 모두 길인가요
그래요 나도 한때는 구부려가며 살았어요
아니 가로등 빛을 구부려 울분을 쏟아내는
그런 밤이 아닌,
똑바로 걸어가다가 뎅강 발목이 잘려나가는
그런 두려움도 아닌,
꿈의 바깥으로 걷는 길에 대해서 이야기해 보아요
나도 조금 전까지 독주毒酒에 구부러져서
토악질까지 해 보았지만
이 골목의 끝에 짐승의 내장을 안주로 구워주는
술집이 있다는 것만 알아요

당신은 머리를 염색하지 않으면
말이 어눌해지는 모양이군요
정확해요 눈썹도 숯검뎅이로 만들고 싶어서
거울 앞에 서 보았는데, 난감하더군요
말장난 말아요
방금 꺾어지는 길목에서 보았던 꽃이
조화라는 것도 눈치챘어요
나는 실재가 궁금할 뿐이에요

아, 이해가 가는군요
젊음 따위는 구부리며 가더라도 결국
슬픔에 도달한다는 말을 하고 싶으신 거군요

익선동 쇼윈도에서 흘러나온 불빛이
두 남녀의 얼굴을 발갛게 물들인다

끼니가 되지 못하는 풍경

대학로 서울대병원 정문 앞
기역자로 오그라진 할머니가
삐걱삐걱 손수레를 끌고 간다
축축한 시간이 칸칸이 박혀있는 보도블럭 위
얄팍한 두 다리가 연신 흔들린다

수레 안의 뜨거웠던 기억들은
더께 쌓인 골목을 구불거리며 건너는 동안
스르륵 풀려 식어버렸고
숨이 가빠진 세월의 안쪽으로
허리 구부린 날들이 슬쩍 비쳐진다

얼어버린 수도가 오늘은 녹았으려나
성근 백발에 가루눈 두어 점 젖어들고
옹이진 등허리와
바람 숭숭한 정강이뼈 사이
지하 단칸방의 남은 온기마저 새어 나간다

일류병원 앞을 지나가지만

동네 보건소 약봉지를 만지작거리며
팍팍한 걸음을 다독인다
해넘이까지는 고물상에 도달해야 한다
한 끼 밥 대신 고봉으로 실은 파지 묶음에
발목의 힘줄이 파르르 떨린다

산벚나무 가지가
쌓인 눈의 무게로 툭 꺾이는 저녁
큰길 건너 식당 간판이 유난히 휘황하다

월급 받는 사람

시간이 또각또각 제 자리를 걷는 동안
오후를 서둘러 갉아먹으려 고개를 파묻어요
조각난 업무를 퍼즐처럼 맞추는 척
짐짓 무표정한 얼굴을 연출하며
가려운 눈을 비벼댑니다

꼬리 잘린 문장들이 기안지 위에 어지럽고
그래프의 곡선들은 이리저리 휘어져도
신입사원의 팔뚝은 푸릇하기만 합니다
또르락 또르락 자판으로 활력을 타전하는
저 손가락을 박제하는 상상을 해봐요

곰살맞은 김대리와
열중하는 모습이 아름다운 박과장에게는
냉장고에서 막 끄집어낸 싱싱한 바람을 보냅니다

꽁초까지 피고 느긋하게 들어오는 이차장과
의자를 뒤로 돌려 한껏 젖히고
주식거래에 열중하는 배불뚝이 손부장에게는

나무늘보를 선물할까요

영업부의 시끌시끌한 민원을
탕비실로 데려가서 잘 우려낸다면
미지급한 잔금의 떫은 맛이 나려나 모르겠어요

창밖의 모과나무가 넌지시 건너다보며
작은 이파리 몇 장을 팔랑거립니다

사무실은 이내 너그러운 저녁시간이 되고
환한 얼굴로 퇴근을 기다립니다
월급날이 뚜벅뚜벅 걸어와 책상에 걸터앉으니
사람들은 곧 달콤한 소식을 수신할 수 있으려나요

강가에서 외 2편

유 나 영

사랑 주우려 강가에 왔다
썰물이 몰고 온 바람에 실려
그리운 시절이 물가에 이르러 멈칫거리고
강둑을 이어가는 돌무더기 그대로 놓인 채
풀잎 돋아서 옛이야기 이르고
농게의 큰 집게발이 그리움을 이르고
세월은 가고
우리들의 이야기는 남아서 물가에 논다

강가에 이르러
나는 무엇을 잊고 있어서
찾아 왔는가
그리운 시절 그리운 사람의 이름을 기억해 내기 위해서
유년의 사랑을 주우러 강가에 왔다

2020년의 겨울

한겨울인데
11월의 뜰은 메말라 있고
눈은 오지 않는다
12월의 바람은 차갑게 솟구쳐도
눈은 오지 않는다

백설이 난분분한 시절
추위와 굶주림으로 속시려운 시절
그리움을 끄시면서
한겨울을 불러놓고
12월 25일을 맞이하고 있지만
눈은 오지 않고
삭막의 거리에 마른 바람만 오고가는
빈 뜰에서
그리움을 줍고 있다

얼마나 많은 이야기 지나가고 있는
한겨울인데
지난 시절

눈은 내리고 쌓인 그 시절
눈사람 만들고
눈으로 놀이하는 그 시절은 가고
2020년 한 겨울인데
12월의 해는 지나고 있는데
눈은 오지 않는다

고향의 이랑을 보자

고향은 어머니의 따뜻한 품속과 같다
어머니의 잔잔한 음성이 배이고
어머니의 손끝이 묻은
그러이 설레게 하는 곳
거기가 고향이다

울밑을 넘겨다보면 봉선화 봄 뜰을 키우고
노란 병아리 귀엽게 노니는 곳
보리밭 이랑에 독새풀 너울대고
어머니 발끝이 서리는 곳
거기가 고향이다

부를 수 있는 노래라면 모두 그리움모아
부르고
봄의 길섶에서 삘기도 뽑으며
바람 젖어 놀 수 있는 곳
거기가 고향이다

안개가 산을 덮고

아지랑이 강 이랑을 타 내리는 곳

때로는 절망이 묻힌 시절도
마른 풀섶을 헤쳐가면서 줍기도 하고
촌시도 잊지 못한
어머니의 품속 같은 거기가 고향이다

송충이는 솔잎을 먹고 살아야 한다 외 2편

윤 선 길

나는 사회에서 에이등급입니다
시험지와 힘겨운 싸움 끝에
어려운 시험을 통과했고
끝내 남들 위에 설 수 있었습니다
이 정도 위세를 부릴 자격은
당연히 있다고 봅니다
누가 날 뭐라고 합니까?
암묵적으로 나의 실력은
인정되어 있습니다 누구도
그것을 부인할 수 없습니다
요즘은 너무 노력 없이
나같은 사람이 되려고 합니다
어디 감히 떨어지는 부스러기도
못주워먹을 나부랭이 천한 학력 갖고
내 근처에 붙으려 합니까?
대통령이 저 사람들 주제를
너무 안가르쳐봤어요
송충이는 솔잎을 먹고
살아야 한다 안합니까?
옛날에는 그런거 하나는

잘돼 있었는데 말이야…

당당할 자유

누군가가 대통령에게 던진
폭탄이 터졌습니다

주변은 아수라장이 되었고
비명이 뒤섞인 연회장
사이로 유유히 범인은 빠져나가다
잡혔습니다

언제나 그랬듯이
소 잃고 외양간 고치는건 우리의 미풍양속입니다
대통령은 중태일지도 모르고
구멍난 가슴은 수천명이 넘는데
범인은 솜방망이로 때리고

범인은 말했습니다
내가 던진건 신발 하나 뿐이었다
이렇게 호들갑 떠는거 부끄럽지도 않나
자유가 억압받는 이북 동네에 찍소리도 못하는
부끄러운 가짜 민주주의, 가짜 자유가 꼴보기도 싫었다

당신이 살아있는 이유와 같은 것 아닐까요
지금까지 선사받은 자유는 공기같은 것이어서
당신이 그런 말을 한다고 목숨이 위태롭지는 않았습니다
물론 당신은 당당히 죽을 자유도 있습니다

당당한 자유를 위해서
과거의 독재자를 불러오시지요

당신이 섬기던 독재자는
이북의 독재자에게 언제나 당당했습니다
개구리들이 하늘에 빌었던 마지막 왕처럼요
그런 이에게도 가짜 민주주의를 외쳐보십시오
아마 계란 던질 기회도 없이 대공분실에 끌려갈 것입니다

다만 우리는 그런 과거로 돌아가기 싫고
당신은 반복 버튼을 누르고 싶다는 것입니다
결과를 알고 있을 때는 억지로라도 끌고 가야 하지 않겠습니까

하지만 당신은
살아나온 대통령에게 야유를 아직도 보내며
내가 죽이지 못한 이에 대한 안타까움을 자랑으로 말합니다

그것도, 당당할 자유입니다
이 세상엔 그런 것도 있습니다

스파이

우리나라 예수는 왜 스파이처럼 들어오시는가 했더니

도무지 예수 믿는 자들이 빈틈을 안준다

예수는 천국을 설파하러 왔는데 재림 예수가 여기있다 저기있다 해도 홀랑 넘어가버리는가 하면

천국은 마음 속에 있다고 분명 말했는데도

한국이 동방이다 그러니 거기서 예수가 나타나는 게 맞다는 소리가

한 무리를 끌어가고 전쟁이 발발하니 낙도로 피난을 가야한다고 또 한 무리 빼내가 버렸다

거기서 새 보혜사가 나타나 새로운 천국을 세울 거라는군

큰 교회 앞에 누군가를 향해 주여 주여를 외치는 사람들이 있다 예수의 뜻이 나타나길 기다리는, 그런데 거기서 주님과 천국을 보고 왔다며 다른 사람들에게 그 모습을 설명하는 사람이 신들린 듯 열변을 토하는데 영 성경에서 말하는 천국과 다른 거다

엄숙한 투로 말하는데 토 달면 사탄이 되는 이 분위기, 예수가 와도 사탄이 될것 같지 않은가? 이런 천국 신앙서적에서, 간증에서, 수십 개도 더 들어 봤는데 왜 듣는 데마다 다른가 천국은 하나님이 통치하시는 곳이니 여러 다른 모습이 있을 수 있는 거니 토 달지 말게

흠 근데 이 사람들 교회 안과 밖에서 서로 다른 사람이 되는데 진짜

예수님 계시는 천국에서 뵙는 거 맞습니까요

뒤에서 예수가 답답하다는 목소리로 외치길
내가 못 들어가는 거 너도 봤잖냐 뭔 말이 필요하냐

다락 외 2편

이 광 호

자랑도 아닌
우리 집엔 웬만한 다락이 하나 있다.
그래서 참 편리한
사십오도 경사진 열두 계단을 오른 듯 쳐다보며
작은 환기창을 통하여
어느 여름날 밤, 거실에 뜬 둥근 보름달
핸드폰 사진을 찍기도 한
다락이란 다 리을 아 기역이라
다 리을 달, 아 기역은
허리 구부린 사람의 옆모습 모양글이니
때론 작은 것 구부린 불편함이 있는
오히려
다락은
방보다 더
정겨울 때가 많다.

제 머리 리을 단 멀-리

서울서 미장원에 근무하던 아가씨는
남들 머리 꾸며주다 청춘 다 지나갔다
제 머리 리을 단 멀-리 사랑 찾아오소서

어머니 머와 머의 며느리 첫 글자에
사랑 애 이응받침 새 생명 탄생하는
마흔 살 넘기지 마오 하지날에 모를 낸 듯

행복은 해맑은 가을 보리를 기억하란
젊은 날 사랑보리 이제라도 심어두면
나이든 보릿고개를 아리아리 넘어가리

우리들은 빗쟁이

빛은
비온 다음의 빛
비 치읒이니

우리들은 빗쟁이
비 지읒이라

치읓은 하늘 천
지읒은 땅 지 자음

어머니 머 기역의
미음은 먹는 자음

삶이란 살 미음
앎이란 알 미음

비우 내린 한울타리
우리들은 빗쟁이

봄날은 가고 노래는 남는다 외 2편

이 미 란

앞산엔 진달래가 피고 지는데
이별의 음계보다 높은 뒷산엔 진눈깨비가 날렸다
단단한 손길 하나 어깨를 감싸며 밀린 눈물을 감추라고 했다
한숨의 뒷마당에 피어있는 쓸쓸한 안부가 숲을 이루고
울지 말라고 했다
기별도 없이 먼데서 온 손님이 사라진 애인을 찾아 헤맬 때
군사우편을 실은 기차는 순서를 모르는 계절 속으로 사라지고
연분홍 치마를 입은 여인이 사라진 애인의 보조개처럼 나타난다
지나간 것들은 기차 바퀴 속으로 사라지고
옛 애인을 닮은 오랜 노래는 귓가에 맴도는데
눈물은 더 이상 흐르지 않았다

앞산엔 진달래가 피고 지는데
뒷산 높은 골짜기엔 높은 이별의 진눈깨비가 날렸다
단단한 손길 하나 어깨를 두드리며 밀린 한숨을 감추라고 했다
여린 긍정의 눈물은 적막한 안부의 숲을 적시고
울면 안 된다고 했다
기별도 없이 온 손님은 사라진 애인의 연분홍 치마를 찾는데
군사우편을 실은 기차는 순서를 잊은 계절 속으로 출행랑 치고
행방불명의 울긋불긋한 소문은 사라진 봄날의 전단지로 나타난다

지나간 날들은 앞날의 슬픔 속으로 사라지고
옛 애인을 닮은 오랜 노래는 눈부시게 흩날리는데
울음의 끝은 더 이상 외롭지 않았다

지붕 위의 고양이

백년도 더 된 낡은 기와지붕 위에 검은 고양이 한 마리가 앉아있었다. 전래동화 속에 등장하는 구두쇠 영감이 살고 있는 듯 색 바랜 기와지붕 아래엔 고장 난 수도꼭지처럼 쏟아지던 햇살이 오후 3시의 복개천 난간에 기대여 달동네 지붕의 역사를 자랑하며 독불장군처럼 서서 오래된 기와지붕 위의 고양이를 가만히 응시하고 있었다. 고양이가 바라보는 것은 제 앞을 떠도는 생일까? 지워지지 않는 전생을 괴로워하는 현생일까? 두터운 먼지의 성벽처럼 단단한 힘으로 솟아있는, 따개비처럼 붙어있는 키 낮은 담장 같은, 화려한 도시의 불빛 속을 전전하던 덥수룩한 주먹처럼, 돌아온 탕아가 되어 주름진 세월의 변두리에서 청춘을 잃어버린 사내처럼 듬성듬성 이가 빠진 추녀는 무딘 햇살을 매달고 뼈대마저 앙상한 몰골을 바람에 맡긴 채 충만한 빛의 일대기로 반짝였다. 지붕의 높이는 복개천 난간보다 낮아서 발을 뻗으면 고양이의 날렵한 수염 사이로 사뿐히 착지할 것만 같았다. 블랙홀의 우울을 닮은, 구멍이 뚫린 기와지붕 사이로 쉴 새 없이 드나들었을 바람의 쉿소리는 밤이면 기나긴 하루를 견딘 고양이에게 포근한 잠을 선사했으리라. 카메라 소리에 놀란 고양이가 등을 곧추세우며 일어섰다. 뱃가죽이 눈처럼 새하얀 털이었다. 다리를 거쳐 발등까지 하얗게 빛났다. 기와지붕 위를 산책하던 고양이는 유유히 사라졌다. 무화과나무 열매가 풍성하게 달린 마당 한켠엔 스텐세숫대야, 양은주전자, 연탄화덕이

어지러웠고 LPG가스통 위엔 세월을 스쳐간 바람의 인기척이 가득했다. 그 날, 그 저녁, 그 밤의 이야기들이 백년도 더 지난 낡은 기와지붕 위에서 졸고 있다. 아마도 나의 전생은 동그란 눈매와 날카로운 야생의 발톱을 하얀 뱃가죽 속에 숨기고 지붕 위에 웅크려 앉아 손등에 떨어지는 햇살을 핥으며 제 앞의 생을 훑고가는 바람의 문장을 가만히 응시하던 한 마리 검은 고양이였는지도 모른다.

12월의 무궁화

시린 가지 끝에 걸린 바람의 잎새가
미처 떨구지 못한 세월의 흔적을 삭히고 있다
가지 많은 나무에 바람 잘 날 없다지만
일 년 삼 백 육 십 오 일…….하루도 빼놓지 않고
당신이 잠든 창가엔 고된 바람이 들었다
자고나면 세상은 늘 달라져 있었고
어디에도 안도의 틈새는 보이지 않았다
기차가 다니지 않는 낡고 오래된 기찻길에
속절없이 떼를 지어 피어있던 무궁화 꽃잎 속에는
당신의 간절한 기도가 남몰래 다녀간 뒤로
사흘 내내 억센 비가 끝없이 내렸고
비 개인 날 인적이 드문 무궁화 기찻길엔
한없이 고개를 떨군 채 녹슨 레일 곁을 배회하던
수많은 무궁화 꽃잎이 2월의 동백꽃처럼
처연한 흰 빛의 그리움으로 나뒹굴고 있었다
그날 이후로 당신은 시름시름 아팠지
누가 물어도 당신의 앙다문 입술은 열리지 않았지
내 시절이 끝나면…….돌아오겠습니다
굳은 언약처럼 멍든 세월이 흐르고 난 후

바람의 언덕을 다녀간 가시 돋친 혓바닥 너머로
마른 짚새의 가지를 붙잡고 박제가 되어버린
당신의 이마처럼 꼿꼿한 반백의 무궁화를 보았네
끝내 버리지 못한 사모의 흔적으로
허공 속 절개로 피어난 하얀 꽃을 보았네

흙 외 2편

이 선 유

흙냄새의 발원지는 어디일까
억겁의 시간이 흐르면서 만들어 낸
만 개의 죽음이 섞인 냄새가 흙의 냄새일까
오래전 살아 숨 쉬던 누군가의 살 내음 같은
마지막 숨결이 스며 있어 따듯하게 만져지는 것은 아닐까

흙은 모든 주검의 분자라는 생각

흙은 무엇이든 덮는 근성이 있다
산마루를 뛰놀던 짐승들의 주검도
산과 들판에 파닥이던 벌레들의 주검도
무성하던 풀들이 죽고 나무가 죽은
점멸한 마을의 축축한 우물가도
흙은 어떤 죽음도 마다 않고 덮었을 것이다
선산에 아버지를 덮고 어머니를 덮고
조상들도 모두 덮여 있다
바람이 데려가다 놓친 작은 입자의 냄새가 흙 속에서 숨 쉰다

바위가 쪼개져 돌이 되고 돌이 쪼개져 흙이 되고
누군가 죽어서 발효되고 흙이 되고 먼지가 되는 공식

언젠가 만져보았던 어머니의 부드러운 젖가슴 같은

흙은 만물의 근원
모성의 숨결로 싹 틔우고 뿌리 내린다

불시착 귀가

몇 개의 빈 병에 무릎을 꿇었을까

방향을 잃은 폐선 한 척
지하철 승차선 의자에 부려져 있다
모서리에 걸쳐 놓은 웃옷은 부표로 나붓거리고
그를 실어다 버린 가죽 조각배 두 척
주인을 닮아 갈지之 자로 놓여 있다

불안한 시선들이 모여든다

비몽사몽을 건넌 사내
꿈속의 집에 들었으리라
습관처럼 현관에 구두를 벗고
안방 침실에 평온한 잠을 청했으리라

저 불편한 평온을 누가 흔들어 깨울 것인가

언제쯤 집에 당도할 수 있을지
안개주의보 해제를 속수무책 기다리는

가족들의 노파심을 잠재울
두절된 연락선을 띄울 것인지 고민하는 밤바다

그는 아직 도착하지 않았다

검은 꽃

꽃향기에 둘러싸인 그가 사각의 틀에 갇혀 웃고 있다
통증을 눕히고 나서야
비로소 안식처를 찾았는지
다소곳이 웃음 띤 저 낯선 표정

아무도 동의하지 않는 표정 앞에서
어린아이 혼자 따라 웃는다
웃음의 건너편은 아득한 세상
아찔한 향내가 아장걸음을 따라 흐르고
나는 잠시 머뭇거리다
슬픔을 등에 업는다

발버둥 치는 통곡에도뜨겁게 흘러내리는 눈물에도
결코 흔들리지 않는 하나의 표정

웃음과 울음 사이에서
긴 꼬리의 회한만이
난해한 별사 대신 묵언으로 달려 있다

주석으로도 풀지 못한
검은 옷의 표정들이
흰 꽃인 양 환하다

수평선 외 2편

이 원 규(경암)

뭍에서 바다를 봤다고 다 본 듯이 말하지 말 것
바다에서 바다를 봐도 바다는 다 볼 수가 없고
바다는 쉽게 보이는 게 아니다
바다를 향하여 함부로 손 흔드는 것이 아니다
너무 크게 웃거나, 우는 일이 있어서도 안 된다
눈을 크게 뜨고 보는 것도 아니다
하늘도 바다에 가슴을 씻고 싶어 하고
바람도 바다에선 편히 눕고 싶어 한다
해와 달과 별 그리고 구름과 꿈들은
바닷속에 빠졌다가도 끝끝내 또다시 되살아나나니
누구라도 함부로 바다를 지배하려 해선 안 된다
바다는 지배당하는 것이 아니다.

바다에서는 뭍의 이야기를 큰소리로 하지 말 것
바다에서는 바다의 이야기만 들어도 끝이 없고
세상일에 연연하지 말아야 한다
바다에서 살아보겠다고 살아남으려 몸부림치며
밀려왔다 되돌아가던 파도에 맞서다 멍들었지만
모질게 버티며 하루해를 넘기었구나
깃털 고운 갈매기들은 오늘도 부드럽게

그리운 섬으로 날아갔다가 다시 왔구나
후련하게 미련일랑 훌훌 털어버리자
아프게 살면 살수록 뜨고 지는 해는 붉다
먼먼 수평선은 떠나간 그리움의 애절한 표시
한 번쯤 가야 할 우리의 목표다.

바다 이야기

하늘 고샅으로 흔적 없이 흩어졌던 구름 떼
새벽안개가 빛이 나오자 금세 녹아 사라졌네
습성처럼 새벽은 찬 공기 데리고 찾아오지만
우리는 쓰라린 아랫배 부여잡고 버티고 있지
가끔은 앙칼지게 꼭두새벽부터 목청을 틔우며
목에 핏대 세우며 분노의 함성 지르고 싶네

뜬눈으로 밤샘한 바다가 가까이 다가선 새벽
살아있다는 표시로 무슨 소리인가 자꾸 내는
죽여도 죽지 않고 끝끝내 살아남는 파도처럼
앞서간 이들의 발자국 차근차근 밟고 가야지
밀려왔다 되돌아가며 하얀 물거품으로 깨져도
히죽히죽 웃으면서 다시 일어서서 따라가잖아

잠자리처럼 툭 튀어나온 수천의 눈망울들 봐
수억 전파의 파장으로 번개보다 빠르고 세게
우리네 사는 이곳저곳 샅샅이 관통하고 있네
웃음을 웃음으로 여기지 않는 힘든 세상살이
사람도 아닌 사람들이 사람 위에 올라섰다가
거꾸로 곤두박질하더니 낭떠러지로 사라지네!

멸치

한때는 떼 지어 바닷속을 누비던
때도 있었거니
초침처럼 조마조마하던
그런 날은 더욱더 많았거니
눈망울 아직도
바다에서 바다를 누비던
부릅뜬 모습이거니
찌든 소금기
그 간간함으로
마음 헹구고 있거니
절절 끓는
냄비 속 같은 황당한 오늘에
살아있거나
죽어있거나
바다로 향하는 그리움은
남아있거나
남아도나니

누구더냐, 독毒한 놈이라고
외면하던 그 치는.

고독 외 2편

이 정 희

차돌 같은 네 모습에

지레 겁먹고

손사래 치며 도망 다녔지

터널 속을 헤매일 때

끈질긴 구애로 너의 손을 잡았다

겉보기와 다르게 젠틀한 너는

거짓 웃음도 아부도 상처로

가슴 아프게 한 적 없다

적막한 발걸음에

귀 기울여 도닥여주는

속 깊은 너와 한몸되어

걷고 또 걷는다

엄니의 마지막 가는 길도

너는 함께 동행 했지

들국화

식장 원탁에 둘러앉은 들국화
도란도란 말의 향기 피우고 있다
남녘서 새벽차 타고 올라온
어린 날부터 자신의 힘으로 살아온 쑥부쟁이
쓴 소리 속 따스한 마음의 산국
조용하며 세련된 구절초
기다림을 피아노 건반에 새기며 살아 온 해국
작은 몸으로 힘든 일 척척 해결하는 개미취
벌판 같은 마음에 모두를 품는 벌개미취
달달한 말솜씨로 세상을 밝히는 감국
산야에서 절로 자라 웬만한 바람에도
끄떡없는 얼굴들
후미진 골목 허름한 가게에서
복지관에서
도서관 숲길에서
자갈자갈 아이들 웃음소리 속에서
자족하며
청빈이 몸에 밴
뜸한 만남에도 어제 본 듯

깊은 가을을 사르는 들국화
오메 우리 언제 만나고 인자 만나냐
결혼식에서나 얼굴 보네 아이고 왜
이라고들 바쁘냐 걸쭉한 사투리에
까르르 웃음소리 해맑다
첫발 내딛는 한 쌍 향해
저렇게 이쁘니 잘 살것다 친구들
덕담이 새록새록 피어난다

터방내

가슴에 찬바람이 불 때면 그리운 사람과
그 곳에 가고 싶다
흑석동 좁은 골목 지하
집터란 뜻으로 옛 모습 그대로 자신을
지키고 있는 곳
낡은 소파에 앉아 백열전등 아래 마음을
열고 사랑을 피우고 싶다
적당한 어둠은 서로를 배려하고
클래식 음악이 분위기를 띄운다
시간을 거슬러 올라 아내와 부모를 벗고
젊음으로 바꿔 입는다
설렘이 요동치며 달려온다
혈기와 버럭이 근접할 수 없는
따뜻함으로 행복을 설계하기 좋은 집
변화무쌍한 시대에
수십 년 터줏대감으로
외할머니 같은 품으로
세대를 아우르는 집
다녀간 사람들 희로애락을 마음에 새기고

추억하며 기다린다
가슴에 찬바람이 불 때면 그리운 사람과
그 곳에 가고 싶다

병에 대한 오해 외 2편

이 중 동

상가喪家 한구석 속이 훤히 보이는 냉장고가 떨고 있다
독기 품은 시퍼런 술병들
오와 열을 갖춘 채 보무도 당당하다
한 무리 문상객들이 들이닥치자
맨 앞줄에 선 병들 쨍그랑쨍그랑 나팔 불며 진군한다
전장엔 어느새 연기가 자욱하다
적들은 저마다 투명한 칼을 움켜쥐고 말들을 쏟아낸다
지난 전투의 무용담을 신나게 늘어놓는 놈도 있다
여기저기 창검 부딪치는 소리가 울려퍼진다
첨병들이 목구멍을 타고 적진 깊숙한 곳까지 침투하자
적들은 얼굴이 벌겋게 달아올라
알아들을 수도 없는 소리를 지르며 거세게 반항한다
개중에 힘 빠진 놈은 엉덩이를 쳐들고 줄행랑 치고
새로 투입된 지원병들이 그 자리에 앉는다
독기를 품고 진군에 진군을 거듭하는 푸른 병사들,
밤새 일진일퇴 격전을 벌인다

망자 또한 언제부턴가 병들의 습격을 받았다
그들의 공격은 결코 하루도 멈추는 날이 없었다

시시때때 밀려드는 병들의 계략에 두 손 들 수밖에 없었다
비우면 비울수록 수심도 깊어지는 병
밤새도록 푸른 병들은 한 치의 흐트러짐 없이
투명한 벙커를 지키고 있다

삐에로 호프

우울한 날은 머리카락을 길러야해
길어진 머리카락에 하늘색을 칠하면 좋겠어
얼굴에는 분칠 대신 채송화 씨를 뿌리고
오뚝한 콧날에는 먹다만 토마토를 심었으면 해

결박당한 웃음들이 간판마다 걸린 거리
사람들은 저마다 불빛을 선물로 받지만
두꺼운 너의 입술은 꿈쩍도 하지 않아
뾰족 구두들 탭댄스 추며 거리로 나서고
너의 문지방을 넘나드는 시간이 왔어

너는 동공 속으로 한 무리 사내들을 불러들이고
철철 넘치도록 할인된 웃음을 따르지
거품 문 사내들이 금붕어처럼 입술을 실룩거리며
결박의 사슬을 풀고 있을 때 넌 기분이 어때

졸던 시침이 자세를 고치고
손님처럼 얌전하던 오징어가 동해를 다녀오는 동안
사내들은 눈과 입을 찢어 양 귀에 걸었잖아

점박이 옷에 줄무늬 스타킹을 한 네가
오늘밤 파도를 타고 밤하늘로 오를지도 몰라

조심해
언젠간 이 밤도 생각 너머 사라질지도 몰라

환승역

문상 가는 열차에서 설핏 잠이 들었는지
꿈결인 듯 안내방송 들린다
고인 여러분, 안녕하십니까
고객이란 소리가 내 귀에는 고인으로 들린다

망자(亡者)를 가득 태운 열차가 저승을 향해 간다
옆자리의 젊은 여자는 어느 틈에 열차를 탔는지
세상의 끈 놓지 못하고 연신 문자를 보내고 있다
불같이 사랑했던 사람 변심을 눈치 채고
홧김에 열차에 몸을 실었을까
건너편 노부부는 금슬이 좋기로서니
마지막 저승길까지 손잡고 가는 모양이다
출가 못한 자식이라도 있는지 한쪽 눈 파르르 떨린다
창밖 세상은 전생의 재생 영상
꽃 피고 눈비 내리던 계절이 한순간에 지나가는데
어디선가 아이의 울음소리 들려온다
세상 구경 온 지 몇 날이라고 또 다른 세상 구경 가는가

고인 여러분, 열차는 잠시 후 환승역에 도착합니다

천국으로 가실 고인은 다음 역에서 갈아 타 주시고
지옥으로 가실 고인은 그 자리에 앉아 계시기 바랍니다
몇은 주섬주섬 여장을 꾸리고
몇은 일그러진 얼굴로 앉아 있는데
철커덕 철커덕, 열차는 흔들리고
나는 엉거주춤, 엉거주춤,
또 다른 세상으로 들어서고 있다

宮 외 2편

장 혜 승

시들고 있는 먹골배를 정지 칼로 턱 가르니
예쁜 자궁이 숨어있네
그 속에서 티격태격 영글고 있는 씨알 네 개

팍팍한 세상의 거목들로 내세우고 싶은 먹골
살점을 썩혀가며 씨알에 단물을 대고 있다

그 위대한 궁에 내가 정지 칼을 꽂았다
살맛이 갔다 시큼털털하다

잘라진 궁실을 봉합하여
봄을 기다리는 묵정밭에 고이 모셨다

짝수 뵈지 않는 씨알 넷 다시 보듬어 품고
한 종지 두엄물로 소멸 되어갈 궁실

가람을 건너오다 봄을 놓친 진눈개비가
고추바람 휘몰이 치는 묵정밭에
날개를 떼어내서 포개포개 덮어준다

별 그리고 별똥별

작은 빛이 되기 위해 가마아득한 어둠에 갇혔군요

생둥이 어둠이 무서운 음모를 구상할 때 우리들은 빛을 들고 쏟아져 나오지요 같은 식솔인데 같은 빛을 들지 못했어요 편리한 대로 패거리가 되어 더 큰 무리 만들기만 혈안입니다

타협에는 원칙이 불편한 것이어서 불편은 양심에 폭탄을 장전하는 것이어서 빛이 버거운 별들은 차라리 물컹한 똥이 되거나 삐딱한 걸림돌이 되어 떨어집니다

마차바퀴 넷이 엉거주춤 짐을 싣고 울지도 웃지도 못하고 저들을 건너가려합니다 앞장만 서가던 바퀴하나가
- 세우자 세워야 해요

단한 번도 앞서보지 못했던 뒷바퀴하나가
- 그냥 가자 우리를 멀미나게 하는 것은
울퉁불퉁 걸림돌 탓도, 구린내 등천하는 구불구불 구불 길 탓은 더더욱 아니다

바퀴들이 잠시 다투는 그새를 못 참은 말은 무릎을 꿇었고 다정했던 바퀴들은 생판 모르는 사이로 뿔뿔이 흩어집니다

기약 없이 깡마른 지구에는 구린내와 걸림돌 투성입니다 디딜 곳 없는 발들이 코를 막고 모두 허공에 떠있습니다

소나기들이 마지못해 뭉쳐서 은하수를 점령했지만 수문은 열릴 기미를 보여주지 않습니다 하늘은 더욱 검푸르고 갈라진 땅은 힘든 되새김질만 거듭하고 있습니다

좀브레로나 쿼크까지

반 건오징어 두 마리 전자레인지에 넣고 삼십초 두 번 눌렀다 너와 내가 굽힌다

바다를 통째 감지했던 긴 더듬이, 종소리 종종 매달린 다리들이 서로를 휘감으며 망가진다 풍랑을 지우기 위한 비대발괄몸부림

속히 나가자!
소리치는 나의 입을 네가 막는다, 뜻밖이다

너무 뜨거워!
불구덩이 속에서 나는 소리친다
출구는, 암호를 바꾸었거나 고장을 냈거나

이왕지사 함께여서 다행이다

숯덩이가 되어라, 한 줌의 재 그것마저 흔적 없이 매매 굽혀라 어디에도 끼어들 수 없는 불티들아
빛의 띠 건너 좀브레로나 쿼크에까지

너를 기억하는 길이다
내가 기억되는 길이다

'부부'가 '붊'이 되기까지 외 2편

정 대 구

예수님은 결혼도 못한 서른세 살 젊은 나이에 십자가에 못 박혔다 하고
부처님은 야소다라비와 결혼하여 아들 라훌라를 두었다지만
아직 달콤한 신혼이나 다름없는 29세에 집을 나왔다 하고
공자님 역시 외아들 鯉를 낳지만 집에 붙어 있지 못하고
상갓집 개처럼 세상을 떠돌았다*하니
일찍이 장가들어 생기는 대로 아이 낳아 키워내고
은혼 금혼을 넘어 회혼을 바라보는 나는 누군가
젊었을 때는 아옹다옹 티격태격 사랑싸움도 하면서
우려내는 퀴퀴하고 시금털털한 맛 묵혀왔지만
나이 들어갈수록 점점 심해지는 눈 흘김과 꽥 소리 지름
온갖 참견 그 많은 구박 다 받아가며 까닭 없이 들들 들볶이며
일방적으로 당하기만 하는 결혼생활 힘들어
하루에도 몇 번씩 이혼을 꿈꾸며 꿈으로 끝내고
모멸과 수치의 나날을 살아가는 나 왜 사는지
전지전능하고 대자대비하고 생이지지했다는 그들이 알까
다른 건 몰라도 애송이 예수님은 나를 이해하지 못할 것이고
결혼초반에 가정을 버린 부처님도 마찬가지 나를 모를 것이고
가부장적 권위만을 앞세워 마나님을 쫓아낸 공자님도 다를 게 없어
쇠심줄같이 질기디 질긴 부부의 끈을 이어가며

부부夫婦가 부부婦夫로 어느새 자리바꿈하고
다시 부夫의 존재가 마모되어
부부는 일심동체 부부婦夫가 둘 아닌 붑이 되기까지
견디어온 아픔 정말 장하다할까
어리석다할까
21세기 대한민국의 남편들
실은 부처님 오신 날이면서 부부의 날인 오늘
몇 송이 꽃을 바쳐 볼까
맛있는 외식으로 유도해 볼까
몇 번의 경험으로 미루어
일심동체一心同體는 결코 쉽지 않아
백방百方이 백방白放으로 끝날 수도 있어
붑의 꿈도 물 건너가고
말짱 도루묵 나무아미타불 아멘
나무관세음보살 아멘

*사마천의 사기 공자열전에서

나, 나의 반성 나의 맹서

나, 나라는 사람은 나쁜 사람입니다
밴댕이 소갈머리에 쥐머리에 소견머리 소갈딱지 없고
방정맞고 게으르고 못 참고 못 하나 못 박는 무엇도 할 줄 모르는 무능한 사람
남을 배려 못하고 저만 아는, 저만 위하는
이루 다 말할 수 없이 아주 나쁜 사람입니다 나는

평생 살을 맞대고 살아오며
가장 가까이서 나를 지켜봤을 내 아내의 입에서 쏟아져 나온 말들이니
맞겠지요 나는 정말 밥만 축내는 나쁜 남편입니다
이루 다 말할 수 없이 아주 나쁜 놈입니다

남들은 나를 순한 사람 편한 사람 양보할 줄 아는 사람 넉그러운 사람 마음 넓고 이해심 많은 사람 적응 잘 하고 잘 참고 잘 견디는 사람 어쩌고저쩌고 말들 하는데

따 틀렸습니다
나를 아는 대부분의 사람들

오랜 고향 친구들 오랫동안 같이했던 직장동료들 오랜 제자들
상당한 이해관계가 얽힌 사람들 오다가다 한두 번 만난 사람들까지
남들은 남들일 뿐인데 날 알면 얼마나 알겠습니까
다 틀렸습니다 그게 아닙니다
이십 초반에 만나 팔십 넘도록 오랜 세월동안 시간과 공간을 같이 쓰고 나눈 내 아내
그 누구보다 나를 잘 안다는 내 아내는 이 모두를 한꺼번에 다 부정합니다
모두 틀리고 그 반대입니다
아내의 소신은 오로지 그 반대말입니다

슬픈 일입니다 나는 지금 아주 슬픕니다
앞으로 남은 세월동안 우선적으로 아내에게 더 잘해야겠습니다
만인에게 인정받기보다
단 한 사람 내 아내가 눈곱만치라도 긍정해 주는 말을 듣고 싶습니다
나는 애처가인가요 공처가인가요

아, 이 시각부터 애처가요 공처가
나를 오롯이 비우고 오로지 아내에게 올인, 어린 양같이 순종만 하겠습니다

눈물이 주르르

오늘 아침 아내가 포문을 엽니다
연속극에 푹 빠져있던 아내가
티브이도 함께 볼 수 없다면서
당신은, 당신이란 인간은 빵점 빵빵빵 빵의 빵점이라는군요

순간 내 귀를 의심하는 나는 왠지 눈물이 주르르
아내 말고 누가 나에게 빵점을 줄 수 있단 말입니까
고맙습니다 눈물 나게 빵을 많이 줘서

『희망의 나이』*라는 모시인의 시집이 있지요
지금 이 나이에도 나는 안내에 대한 희망을 놓지 않습니다
오늘도 오늘보다 더한 괴로운 나날일지라도
지금부터가 바로 희망의 나이입니다

그렇지만 왠지 나는 눈물이 핑 돌아
한마디 반박도 못하고
언제까지 져주는 전략에
속안으로 자꾸 눈물이 주르르…

그럼에도 불구하고
나는 절대 아내를 포기 못합니다

* 『희망의 나이』 김정환 시집(창비 1992)

산정호수의 고요에 들다 외 2편

정 안 덕

눈에서 사각사각 쏟아져 내리는 명성산
제 혼자 젖어 흔들리는 오후

피둥피둥 살찐 산비둘기
호수를 건너 허공에 길을 낸다.

고즈넉한 옛길을 걸으면
금세라도
쨍그렁 갈라질 듯 강물이 넘치고

고요함에 젖은
숲 속의 덩그런 미륵불
호수에 혼백을 씻으며
아직도 수도 중인가

저녁노을은 뉘엿뉘엿 황금빛으로 빛나고
갈까마귀 까만 날개만 퍼덕거리는데

흔들리는 맑은 물은 누구의 눈물인가
어둠에 젖은 상념들 파도에 부서지듯 넘나들 때

씨를 다 뿌리지 못한 상념 속
봄은 또다시 스멀스멀 꿈틀거린다.

- 인생이란 머리가 아니라 가슴으로 사는 거라고

폰 속에 숨어 우는 카톡 새가 적막을 깨우니
파랑과 빨간 눈만 꿈벅꿈벅 어둠을 비추는
산정호수에 밤이 내려앉고

어둔 밤, 호수에 별이 쏟아진다.

구의동 네거리를 건너는 산

안개 속으로 산이 걸어가요

아직도 조는 가로등 그림자 밟으며
부시락부시락 파지 줍는 할아버지

자라 목 굵은 주름, 창백한 달빛에 풀리듯
골목을 쓸어 담는 리어카, 무겁게 흔들려요

산을 끌고
안개 속을 들락날락
새벽이 몽실몽실 피어올라요

잘 꾸며진 왕의 수레처럼
아차산 적송 위에 박꽃 같은 구름 걸려있어요

차들은 씽씽 새벽을 깨우고
물오른 가로수 긴 머리를 흔들어요

삐뚤빼뚤 흔들리는 산을
끌고 가는 흰머리 할아버지

치솟는 햇살, 차박차박 밟으며
밀치고 밀리며 씨름하다가
피식, 웃는 할아버지 얼굴엔 내일이 둥글게 떠 올라요

새벽, 지구가 기뚱기뚱 우주 속으로 걸어가고 있어요.

한탄강 씨씨

초승달 서쪽에 걸리고
한 해를 마무리하는 골프월례회
버스는 술렁술렁 달려간다.

직선으로 친 공, 청개구리 뜀박질하고
팔은 열두 시가 버겁다고 아홉 시에 멈췄다.

욕심을 버리니 얼굴은 더 뻔뻔해져서
못 쳐도 허허, 잘 치면 하하핫

동안거에 들어가는 잔디 한웅큼 팟더니
날개 달고 하늘로, 캐디 언니 그래도 굿샷

사막에 머리 박았던 공, 미친 듯 호수를 넘나들 때
청둥오리 몇 마리, 허공을 가르고 날아간다.

그 자리에
미끄러져 수행중인 골프공, 해탈하면 봄이 오려나

늦은 가을 가시바람에, 붉은 해 꼬리를 담근다.

겨울비 내리는 극장 외 2편

조 길 성

귀뚜라미 더듬이 끝에서 더듬더듬 서늘한 바람 불어오더니 귀뚜라미 정강이살 두어 근 발라 먹고서 서릿발이 키를 늘입니다 집 나갔던 대문들이 골목에 모여 이를 딱딱 부딪는 계절입니다 열어줄 문도 없으니 그저 바라볼 밖에요

죽어가는 사람에게서 피를 뽑아 파는 극장입니다

원숭이들과 슬픈 영화를 보네요 이 세상에 없는 빛깔을 설명하는 얼굴로 원숭이들과 영원히 끝나지 않을 악몽을 지켜봅니다 녹슨 얼굴 녹물 뚝뚝 흘러내리는 구멍으로 당신 없는 문을 두드립니다 아무도 불러주지 않는 이름들을 부르며 없는 문을 끝도 없이 두드리며 없는 창문들을 깨트리며

바퀴벌레들

똥을 먹고 무지개를 싸다니 가끔 뚜껑을 열고 생각을 덜어내야 한다 돈을 얇은 유리로 만들면 쉽게 모래로 돌아 갈 텐데 오지도 않을 내일을 기도하며 인생을 걸고서 주사위 던진 놈이 걸레 빨러 가서 돌아오지 않는다

바퀴는 참혹한 발명 삼각형으로 만들었어야한다 지구가 둥글지 않도록

예기禮記 곡례曲禮에 보면 대부는 특별한 이유가 없는 한 현을 버리지 않고 선비는 특별한 이유 없이 거문고를 손에서 놓지 않는다 했다
시인이 울음을 버렸으니 무슨 노래가 나올 것인가

문득

그 많던 풀벌레들 모두 콩밥 먹으러 가고

꽃들은 옳았다 너무나 옳아서 숨이 막혔다

산소호흡기 들고 금붕어 떼 하시는 말씀

연민을 모르는 고기는 좋은 고기가 아니야

고장난 시계바늘이 정오를 더듬는 사이

뒷문 밖 쪽방 구석에서 핏기 없이 피던 꽃들이

아직도 긴병에 효자 없는 꿈을 꾸고 있다

저물녘이니 같이 저물자꾸나

아뿔싸

손바닥에서 푸드덕거리던 금붕어를 놓치자마자

폭설을 뚫고 튀어나온 피투성이가

유리창 속에서 떡떡 이빨을 부딪고 있다

분단 외 2편

채 수 원

우리끼리 패싸움
누구의 탓일까
네 편 내 편 가르며 흘린 피
누구의 피일까

이 사람 저 사람 훈수에
배는 산으로 올라갔다

한두 번 둘러보면
모두 내 피딱지인데
뜯기고 바사져도
언젠가는 함께 해야 하는데

치고받는 형제 싸움에
구경꾼의 박수 소리만 요란하다

어제의 저주가 오늘은 덕담이 되어야 하지만
악수하던 그 손이
내일
뺨을 후려칠지 모른다

블랙커피

한강이 내려다보이는 아늑한 카페
따끈한 커피 한 잔
쌉싸래한 향을 즐긴다

그 속에서 커피 열매를 따는 흑인 노인을 보았다
땡볕의 고된 하루가 고스란히 녹아있었다

오늘 알았다
그 안에 스민 아픔이
우리 머리를 맑게 해 준다는 것을

그것이 검은 눈물이라는 것을

문학이란 나에게

시를 부풀리면
수필이 되고

수필을 뻥튀기하면
소설이 된다

소설을 조이면
수필이 될 것 같은데

수필을 쥐어짜면
시가 될 것 같은데

잘라내고
섞어보고
이어보아도

시도 아니고
수필도 아니고
소설도 아니다

아무 것도 아닌 것들을
글이라며
오늘도 원고지에 한 자 한 자 집어넣고
퍼즐을 맞추는 중이다

몬 산다는 그 꽃 외 2편

최 순 섭

풋내가 풋풋한 그녀가 일러준 꽃
며느리밑씻개, 씀바귀, 제비꽃, 노랑민들레, 자주괴불주머니, 개불알꽃, 노루귀, 깽깽이, 산마늘, 뚱딴지, 봄까치…
이름을 기억하지 못하고
물어보고 또 물어보면 몬 산다 몬 산다 하면서도 금방
가르쳐주고 또 가르쳐주는
맘씨 고운 꽃이 있다
다 잊어도 잊을 수 없는 그 꽃
몬 산다 내 몬 산다 하면서도
산동네 한 귀에
싱싱 살아가는 털복주머니 큰개불알꽃

나무늘보

늘보는 나무를 생각 한다
언제나 축 늘어져 골목길 챙 넓은 모자를 쓴 키 작은 노인이
손수레를 끌고 가서 이제 파지로 남은 시간,
한 때는 쫙 벌어진 단단한 근육이었을
다리며 힘없이 휘어진 허리로 가족을 잃고 홀로 살아가는 동안
유칼립투스 나무를 껴안고 푸르러갔다
그는 크고 단단한 나무를 왜 좋아했을까
언제나 그 나무를 껴안고 있어
잎사귀는 팔락거리는 귀를 감추고 해를 삼켰다
나무늘보는 아침 햇살에 취해 하루를 넘기고
깨어나면 녹슨 지팡이에 잎사귀가 돋았다
휜 허리에 뿌리가 생겨 어기적어기적 걸어가는 늘보는
저 바깥세상 미로의 긴 골목을 언제 돌아나갈지
나무늘보는 눈이 작아도 세상이 다 보여
눈을 뜨고도 감은 눈처럼 눈 뜨고 산다
이세상이 저세상인 듯 늘보는 나무를 생각 한다
잠자는 동안이 저세상일까?
이세상일까?

하얀 달빛

올 수 없는
먼 길 떠난 그대
손잡고 걷던
지나온 길 뒤돌아보니
당신의 웃음 속에 활짝 핀 초록 향기
먼발치서 다가오던 바람인가
몸부림치며 쓰러지던 그대의 모습인가
어느새 돌담 위로 훌쩍 커버린 그리움이
눈에 어룽거려
하얀 달빛은 꽃이 되고 옷소매 끝자락에 피고 있다
아, 보고 싶은 그대
서걱대며 흔들리는 갈대밭에 서 있네.

뒤태 외 2편

최 태 랑

뒤태가 아름다운 사람은
대게 앞은 별로였다
허나
소리를 휘두르는 오케스트라 지휘자
뒷모습이 앞이다
뒷부분만으로도 감동을 준다
절도가 있고 때론 격정도 있어
갈기 휘날리며 뛰는 말 같아
하이든이 질주해오고
팔을 벌리면 베르디 아이다가 개선한다
손을 휘젓고 찌르는 저 당찬 뒤태

바람이 할퀴고 간 초로初老의 절벽
도두룩한 볼기가 격정이다
컨덕터 손이 휘몰아치면
저 작은 막대기가 발기되어
저마다 소리통이 황홀하게 잉잉댄다

교감 신경이 멈출 때까지
리듬은 은하를 건너고 있다

숙우熟盂

저것은 어미 새
주둥이는 모이를 먹이기에 좋고
꼬리는 앙증맞고 귀엽다
수납장 귀둘 공간에 좌선하고 있다가
그님 오거든 총총 걸음으로
몸 데워 드리고 싶어 한다

아기 엄마가 젖병을 볼에 대본다
저것은 누가 일러주지 않아도
태아에게 먹였던 기억으로
사랑의 온기를 잰다

하기야, 그릇이야
몸 내주고 어디 대가를 받았던가
정 깊은 사람 또 오거든
온기를 간직하고 있다가
잔마다 골고루 나눠 주고 나서
자신은 헛헛이 비워둔다

알고 보면 세상살이
차 한 잔 나누는 일 아니겠는가

하차 태그

버스에서 내릴 때면
굳이 해야 하는 하차 태그
하지 않으면 칠백 원 날아간단다

내 생해의 긴 여행 마치고
하차할 때면
그때도 태그를 해야 하나

부질없이 와서
하찮게 살다 가는 길
무임승차한 천로행
왕복하지 않는다고 그냥 가라 한다

능내역 외 2편

표 규 현

기차는 아니고
자전거 지나간다
말뚝에 묶인 말도 서러운데
말이 나간 집은 어떤가

빈 말집을 구경하는 눈길이 멀다
이름을 외치며 기차가 달려든다
강줄기를 바라보며
지나가던 먼 길이 그립다

구름이 빠져 나간 모습 선선하다
해와 달
그리고 자전거 바퀴
기차는 궤도를 굴러 지나갔다

가랑잎이 빙글 돌며 떨어진다
붉은 물 뚝뚝 떨어뜨리며
수박 하나 넘어간다

금을 긋는다고 갈라질까?
눈이 초점을 잃는다

까만 눈동자
흰자위 앞에서 정지

버스정류장

눈들이 한 곳에 붙들려
입은 다물어지고
담뱃불이 반딧불 같은데
아침 버스를 기다리다가
늦저녁을 서 있는
줄무늬 남방
주름치마들

목구멍처럼
간신히 열린 골목
들창에 오렌지 불 켜고
골목 어귀 담벼락에 기대어
가로등 빛에 그늘이 된 사람 생각에

목을 접고
가라앉은 눈으로
모기 모가지를 하고
흐린 날개를 접으며
빠진 눈을 뜨고 있네

분리수거

늙은 뼈가 얼어서 뻣뻣하다
박스를 정리하는 뼈마디가 삐그덕거린다
수거용 자루에 아무렇게나 던져 넣은 것들
얼굴이 들어간다
찬 바람에 구르는 비닐과 종이
자꾸만 도망을 치고
따라다니는 빗자루를 외면하는 것들
죽은 척하는 놈들
마지막까지 잡아서 푸대에 넣으리라
눈이 흐릿하고 턱관절은 딱딱하다
버려지기 싫은 것들
잡으러 다니며
분리된 얼굴은
오늘도 수선중이다

[단편소설]

화려한 외출

권 려 원

"불이야 불!"

어디선가 이런 소리가 들려왔다. 그 소리에 잠에서 깨어난 김 씨는 무슨 일인가 창문을 열고 밖을 내다보았다. 뒤이어 사이렌소리가 요란하게 들려왔고 소방차가 건물 앞 도로에 들어서기 시작했다. 길을 사이에 두고 위치한 재래시장은 어느새 시커먼 연기와 함께 삼층짜리 20년 된 낡은 상가 건물을 시뻘건 화마로 휘어 감고 있었다. 냄새도 지독했다. 삼층은 의류상가로 옷을 비롯해서, 원자재와 원단이 쌓여있는 창고까지 겸하고 있었다. 상가 사람들은 잠을 자다가 속옷 바람으로 뛰쳐나와서 발을 동동 구르며 부르짖었다.

김 씨도 잠이 확 달아나버렸다. 얼른 옷을 주섬주섬 걸치고 밖으로 나갔다. 지옥이 따로 있는가 싶게 거리는 온통 아수라장이었다. 3층에 있던 상가에 누군가가 빠져나오지 못하고 가스 때문에 질식해 죽어가고 있다는 소리가 들렸다. 119 구급대원들이 사다리차를 3층에 대느라고 난리였고, 출입구겸 사용하는 비상구가 막혀서 창문을 깨고 들어간다는 말을 했다.

"이봐요! 이봐요!" 김 씨가 바쁘게 이리 뛰고 저리 뛰는 사람들을 붙잡고 물어보려 했지만 아무도 김 씨의 말에 귀기울여주지 않았다. 김 씨는 속수무책으로 불에 붙어 타고 있는 자신이 1층 가게를 바라보고 있었다.

불은 세 시간정도 지나서야 겨우 진압이 되었다. 불길만 잡혔을 뿐 연기와 지독한 가스가 뿜어져 나오고 있어서 현장에는 함부로 들어갈 수가 없었다. 다행히 3층의 갇혔던 사람들이 무사히 구출되어서 인명피해는 없었다. 그러나 시장사람들 모두가 추석 대목을 앞두고 당한 일이라 넋이 나가있었다.

김 씨도 그 사람들 틈바구니에 섞여 있다가 답답도 하고 당장 해결날 일도 아니라는 것을 생각한 뒤 다시 집으로 올라왔다. 집에서는 마누라가 눈물바람을 늘어놓고 있었다.

"왜 울고 지랄이야?"

김 씨는 화가 나서 아내한테 한마디 내던졌다.

"그게 어떤 가겐데. 이젠 우리 어떻게 해요? 쫄딱 망했네. 어떡하면 좋아."

아내말도 틀리진 않았다. 그러나 운다고 해서 타버린 가게가 원상복구가 될 리는 없다. 더구나 가뜩이나 답답한 마음에 질질 짜는 모습을 보자니 김 씨의 애간장만 더 타들어갔다.

"그만 좀 울어. 뭔가 방법이 있겠지."

김 씨는 냉장고에 들어있던 소주를 두병 꺼내왔다. 그리고는 안주도 없이 병째로 들이마셨다. 제정신으로 있는 것도 힘이 들었다. 술기운에 김 씨는 방으로 들어가서 누워버렸다.

김 씨가 다시 깨어났을 때는 오전 아홉시가 조금 지나 있었다. 시장 사람들이 모여서 웅성거리는 소리는 김 씨가 살고 있는 건물의 삼층까지 들릴 정도였다. 잠시 후 김 씨의 집 초인종 소리가 울렸고 몇몇 사람들이 들이닥쳤다.

"아저씨! 잠깐 얘기 좀 해요."

"왜?"

김 씨는 마루로 나가서 사람들과 마주 앉았다.

"소방관 말이 LPG 폭발이 아니고 발화가 된 것 같대요. 탁구장 바로 아래 과일가게에서 시작되었다는데 거기 아저씨네 가게 맞죠. 3층까지 삽시간에 번진 게 아무래도 이해가 가질 않아요."

"그래서. 우리 가게가 과일가게는 맞는데. 내가 불을 냈다는 건가?"

김 씨는 아무렇지 않게 말을 했다.

"그게 아니고요. 뭔가 이상한 점이 없었냐고요? 시장에서 평소에 행동이나, 말하는 게 수상한 사람말예요. 이건 틀림없는 방화예요. 방화."

2층에서 탁구장을 하는 서 씨가 완고한 목소리로 말을 했다. 다들 서 씨의 말에 수긍을 하는 듯 한 눈치였다.

"그럼 누구란 말이야?"

"그러니까 그걸 밝혀내야죠."

불이 3층까지 번질 불이 아니었다면서 소방관들이 도로변 쪽만 진압하고 물장난 하고 노는 사이에 뒤편에서 불이 크게 번지기 시작했지만 이야기도 덧붙여졌다. 하긴 20년 가까이 된 구닥다리 상가 건물이 재건축 이야기가 돌기 시작한지도 몇 달이 지났다. 다들 이러쿵저러쿵 말들은 많았지만 말 뿐이었다. 자세한 것은 수사를 해봐야 알 수 있는 것들이었다.

보험회사에서 다녀가기도 했고, 수사관들이 와서 이것저것 물어가기도 했다. 김 씨는 나중에 다시 오라는 말로 일축 시켜버렸다. 그는 오후에 자신이 가게가 있던 1층으로 들어가 보았다. 잿더미로 변한 건물 내부는 시커먼 그을음이 천정까지 뒤덮여 있었고, 모조리 타버려서 만지면 모든 것은 재로 변해서 부서지는 것이었다. 천정의 골조는 앙상하게 몰골만 유지하고 있었고 전선이 어지럽게 얽혀 있었다. 이곳이 그동안 뼈 빠지게 일해서 모은 돈으로 내가게라고 마련했던 보금자리의 실제 모습이었다.

"어쩌다 이렇게 된 거야?"

김 씨는 혀를 끌끌 찼다. 아직 유독가스가 빠진 상태가 아니라 금세 목이 매캐해지고 있었다. 그곳에 오래 있을 수는 없었다.

어제 낮에 건어물가게 변 씨가 와서 한바탕 하고 간 것을 생각해 냈다. 김 씨는 서둘러 변 씨를 찾기로 했다. 건어물가게 변씨네는 자주 들리는 미친 여자도 있지 않은가. 김 씨가 시커먼 먼지가 가득한 화제 현장을 벗어나자 어디선가 사람들이 나타났다.

"같이 좀 가시죠."

자신을 경찰이라 소개했고 방화의 의심이 있다면서 사람들이 과일가게 김 씨 자신을 지목했다는 것이다.

"이것 보세요. 나도 피해자라고요. 어떻게 이럴 수가 있어요? 그 사람들이 대체 누굽니까?"

김 씨는 화가 나서 그 자리에서 소리를 질렀다. 웬만하면 참고 살아온 김 씨였지만 이번 일은 시작부터 석연치 않은 일 투성이였다.

"화내지 마시고요. 어차피 화제가 크게 난 이상 좀 오래갈 겁니다. 아저씨뿐만이 아니라 다른 사람들도 다 조사 받아야 해요. 아저씨가 조금 빠른 거예요. 그리고 아저씨가 떳떳하면 금방 오니까 염려 마세요. 조서를 써주셔야 하면 되요."

그러나 시커먼 잠바에 그리 인상이 곱지 않은 사람이 친절하게 말을 한다 해도 도대체 믿을 수가 없었다.

"그러면 내가 갈 테니 건어물가게 변 씨 좀 찾아봐줘요. 그 사람이 뭘 알지도 몰라요. 그 가게는 미친년도 들락거렸다니까요."

"미친년이라뇨?"

같이 가야 한다고 심각하던 남자는 미친년소리에 귀가 번쩍 뜨이는 듯 그 여자에 대해서 이것저것 물어왔다. 김 씨는 남자들과 함께 승용차를 타고 십 여분 정도 걸려 경찰서에 갔다. 그곳에는 김 씨뿐만 아니라 시장 상인 몇 사람이 벌써 와서 무언가를 열심히 쓰고 있었다. 그곳에도 변 씨는 없었다. 그러나 김 씨는 서 씨와 눈이 마주치면서 불편한 심기를 느꼈다. 서 씨가 의도적으로 자신을 피하려하는 기색이 느껴졌다.

"여러분이 조금이라도 이상하게 생각되는 점을 다 적어주시기 바랍니다. 그래야 수사에 도움이 되니까요."

담당 형사가 그렇게 말을 했다. 그러자 잠자코 있던 서 씨가 알듯 말듯 한 소리로 중얼거렸다.

"왜 엉뚱한 사람들까지 잡으려고 하는 거야? 저 사람만 족치면 될 텐데."

하필 그 말이 김 씨의 귀에는 크게 확대되어서 들렸다.

"뭐야! 이 나쁜 놈아 내가 모를 줄 알아. 네 놈이 변 씨랑 짜고 불을 낸 거잖아. 누구한테 뒤집어씌우려고 들어? 들길? 천하에 나쁜 놈 같으니……."

김 씨는 화가 나서 생각이 나는 대로 지껄였다. 그 말이 끝나기가 무섭게 맞은편에 앉아있던 서 씨가 엉덩이를 떼면서 멱살잡이를 하겠다고 김 씨한테 달려들었다. 같이 앉아 있던 사람들도 변 씨가 갑자기 일어나는 바람에 가뜩이나 좁게 앉아 있는 통에 화를 같이 냈다.

"두 사람 나가서 싸워요. 지금이 어느 땐데……."

보통 때 시장 통에서라면 분명 사람들은 조금만 참으라면서 두 사람을 말렸을 터였다. 그러나 지금은 사정도 사정이려니와 두 사람이 싸우던 말든 전혀 상관을 하지 않았다. 형사가 말했다.

"다 쓰신 분들은 가셔도 좋습니다. 오시라고 한건 방화사인 규명차 참고하기 위해 이것저것 조사하기 위해서였지만, 제가 조사해보니까 상가 재개발 문제도 같이 걸려있더군요. 그래서 오시라고 한 겁니다. 사건 끝날 때까지는 좀 귀찮으셔도 협조해주시고, 보험들은 다 들으셨죠. 화재보험사에서 방문하실 거예요. 피해 규모랑 액수 잘 적으셨다가 보상받도록 하세요."

무언가를 빽빽이 적어낸 사람들은 엉덩이를 떼고 조금은 안심이 안된다는 눈빛으로 인사를 하고는 경찰서를 빠져나갔다. 김 씨에게도 쓰라고 종이를 주었지만 김 씨는 아무것도 생각이 나지 않았다. 그날 무슨 일이 있었는지 까마귀 고기라도 삶아먹은 듯 머릿속이 새하얗다.

서 씨도 김 씨의 눈치를 보면서 무언가를 적어 넣고 있었다.

"아저씨도 얼른 적으세요. 여기 여기부터 찬찬히 적으시면 되요."

자신과 함께 온 형사는 살갑게 말을 해 주었지만 김 씨는 그것보다는 변 씨와 그 미친 여자에 관한 생각뿐이었다.

서 씨도 다 쓰고 남은 것은 김 씨였다. 자신도 무언가를 써 보려고 해봤지만 오히려 화만 날 뿐이었다. 김 씨는 종이를 건네면서 그냥 형사한테 말했다.

“이것 보슈. 나는 말보다는 행동이니까 궁금하면 나한테 물어봐요. 난 앞뒤가 엉켜서 도대체 아무것도 쓸 수가 없네. 나한테 이러 하라고 하지 마요. 곤욕스러워.”

형사는 김 씨의 얼굴을 가만히 보더니 알았다면서 그냥 가도 좋다고 말했다.

“대신 무어라도 이상한걸. 느끼시거나 보시면 바로 연락 주십시오. 여기 제 연락처입니다.”

형사는 자신의 이름과 전화번호가 적힌 명함을 내주었다. 고개를 끄덕거리고 김 씨는 밖으로 나왔다. 특별히 잘못한건 없었지만 경찰서는 역시 갈만한 곳이 못 된다는 생각이었다.

변 씨는 관리사무실 과장이었다. 그러면서도 그는 건어물가게를 같이 운영했다. 형사가 말했던 그 재개발문제도 변 씨 입에서 나온 말이었다. 모두들 반대한다고 했지만 두 달 전부터 건설회사 사람들이 들락거린다는 말도 공공연히 돌고 있었다. 건어물가게는 20대 초반이었던 그의 아들이 항상 앉아 있었다. 그러나 아들은 정신이 약간 모자라는 아이였다. 일상생활을 하는 데는 부족했지만 건어물 가게 상품명과 가격을 기가 막히게 꿰고 있어서 장사하는 데는 더 할 나위 없었다. 변 씨는 당연히 얼굴에 함박웃음이 가득했다.

그날 불이 나기 전날, 변 씨 건어물가게로 그 미친 여자가 역시 들렀었다. 김 씨는 지나가는 눈길로 그 여자를 보고 다른 날보다 옷차림도 깨끗하다는 생각을 했었다. 그리고 변 씨가 자신을 찾아왔었다.

“김씨! 이번 일에 같이 하지 않을래? 이 상가건물 재개발만 하면 이런 코딱지만 한 가게가 아니라 스무 평도 넘는 상가를 분양받을 수 있어. 잘하면 마트도 낼 수 있다고. 지금 다들 반대를 하는데, 그걸 몰라서 그래."

"나한테 그 말 한다고 씨알이 먹힐 것 같나? 나는 찬성 안 해. 어떤 사기꾼들이 와서 돈을 들이밀어도 절대 안 넘어가니까 그런 말 마. 이 시장이 어떤 시장인데 당신은 그렇게 얕은 속임수에 넘어가려고 그래?"

김 씨가 변 씨한테 훈계를 했다. 그러자 변 씨는 나긋하던 목소리에서 돌연 언성을 높이면서 화를 버럭 냈다.

"아니, 김 씨는 뭐 가진 것도 없으면서 목에 힘을 주고 그래? 그렇게 하라면 하는 거지? 원 세상에. 쥐뿔도 가진 게 없으면서 유세네."

변 씨는 김 씨의 가장 예민한 자존심을 건드렸다. 그 말을 듣는 순간 김 씨도 변 씨가 곱게 보이지 않았다.

"뭐라고 이놈아! 그런 네놈은 그렇게 가진 게 많아서 네 병신 아들이 일하는 곳에 미친년이 드나들게 하냐? 네가 제정신이면 그렇게 못하지. 저런 것도 사람이라고. 시장 사람들이 뭐라 하는지 알아?"

그것은 시장사람들 말은 아니었지만 가끔 그렇게 고개를 갸웃하며 한마디 하곤 했다. 변 씨 가게에 들락거리는 미친 여자가 변 씨의 친인척이 아니냐고.

"네가 그걸 알아서 뭐해? 이 무식한 놈아. 넌 말해줘도 몰라. 퉤!"

변 씨는 화가 나는 것을 억지로 참으면서 김 씨의 가게 문을 나섰다. 나서면서도 침을 뱉었다. 정말 김 씨는 속이 있는 대로 꼬여들었다. 한 번 따로 붙어서 담판을 내야할 인사라고 속으로 다짐하고 있었다.

"변 씨 봤나요? 변 씨 어디 있는지 알아요?"

김 씨는 시장에 들어가서 여기저기 남아 있는 물건을 거두고 상황 수습을 하느라 정신없는 사람들한테 물었다.

"못 봤어요. 정말 어디 있나요? 이럴 때 하필 관리과장이 안보인대?"

사람들은 그제야 변 씨가 없다는 것을 알았다는 듯 한마디씩 보탰다.

변 씨의 가게는 김 씨의 가게와 마주보는 곳에 위치해 있었다. 그러니까 가게 문을 열고 앉아 있으면 얼굴이 훤히 들여다보이는 것이었다. 그러니 김 씨가 변 씨의 가게 일에 대해서 누구보다 훤할 수밖에 없었다. 훤하다고 했지만 그저 가게에 어떤 사람들이 들락거리는지, 하루 장사는 얼마나 되는지를 알 수 있는 정도에 불과했다. 변 씨 아들이 장사 잘하는 것은 김 씨도 인정했다. 게다가 모자라는 것은 말뿐인 것처럼 아들은 인사성도 밝았다. 가끔 장사를 하다가 둘이 눈이 마주칠라치면 목례를 가볍게 함으로써 아들은 김 씨한테 마음을 전했다. 그 모습이 김 씨의 눈에는 그렇게 기특해 보일수가 없었다. 사실 김 씨는 팔푼이어도 좋으니 아들 하나 있기를 바랐다. 그렇게 애를 썼지만 마누라는 딸만 둘을 낳았을 뿐이다. 딸들이야 애교만점이어서 김 씨의 마음을 살뜰히 살폈지만 아들 가진 친구들이 느끼는 든든함이란 없었다. 자신이 세상을 뜨면 제삿밥이라도 떠 놔준다는 믿어도 그만 믿지 않아도 그만인 아들에 대한 기대감을 자신도 느껴보고 싶었다. 아들 가진 친구들이 자랑삼아 하는 한마디도 겉으로 말은 못했지만 부러움의 대상이었다. 때문에 변 씨의 아들이 예쁜 짓을 할 때면 김 씨는 침이 꿀꺽 넘어가곤 했다. 소용없는 줄 알았지만 자신도 천생 사람이라는 사실을 인정해야 했다.

변 씨의 가게에 들어가 봤지만 역시 그곳도 새까맣게 다 타서 재만

날릴 뿐이었다. 남아있는 물건도, 형제도 없었다. 그곳에서 무엇을 찾으리라고 기대를 했던 자신이 우스울 뿐이었다. 김 씨는 허탈한 기분으로 시장을 한번 둘러보고는 다시 거리로 나왔다. 마침 사람들이 모여서 웅성거리고 있었다.

"뭐예요?"

김 씨는 궁금해서 사람들 틈바구니에 끼어들어서 한마디 했다.

"지금 화재보험사에서 나왔대요. 여기 화재보험 든 사람들은 피해금액 나오는 대로 다 보상해준대요. 아저씨 네도 들으셨으면 얼른 신청하세요. 그나마 다행이지 뭐예요. 보험 들지 않은 사람은 안됐지만……."

"그래?"

김 씨는 그곳에 있을 수가 없었다. 화재보험은 개별적으로 드는 거라서 든 사람이 있고 들지 않은 사람이 있다. 자신도 든다든다 하면서 하루 이틀 미루다가 여기 까지 온 것이었다. 갑자기 김 씨는 기분이 울적해졌다. 그가 지금 만나서 얘기 하고 싶은 사람은 변 씨였는데 어디로 갔는지 코빼기도 보이지 않는 거며, 건 질것 하나 없는 시장 통에는 있어봤자 속만 탈 뿐이었다. 김 씨는 허탈한 마음으로 터덜거리며 자주 가는 막걸리 집으로 발걸음을 옮겼다. 이럴 때 아들놈이라도 하나 있었다면 알아보라면서 이리저리 보내기도 하고, 의논도 했을 텐데 하는 생각이 불현듯 들었다. 딸 둘은 시집을 전부 지방으로 가서 저희들 먹고 살기도 바빠서 1년에 얼굴 보는 것도 서너 번 될까 말까였다.

평양 댁이 하는 막걸리 집은 잔으로 술값을 받곤 했다. 시장에서도 나잇살이 꽤 먹은 사람들이 찾는다는 점도 있었지만 평양 댁은 인심이 후한 여자였다. 몸집도 팔십 킬로그램이나 나간다는 여자는 얼굴도 후

덕하니 손도 컸다. 술값이 없으면 외상으로 달아놓았고, 와라마라 귀찮게 하는 일도 없었다. 시장 사람들도 그런 평양 댁의 마음 씀씀이를 알고 알아서 외상값을 정리하곤 했다. 그 집의 단골은 김 씨와 서 씨였다. 변 씨까지 하면 세 사람이었지만 언제부터인가 변 씨는 관리과장 일만 하다가 건어물가게를 함께 하면서부터는 혼자 잘 난체 하는 일이 늘어났고, 세 사람이 어울리는 일은 좀처럼 없었다. 세 사람이 어울릴 때는 허물없고, 필요한 돈은 급하게 융통까지 해 주는 등의 우애 좋은 형제처럼 잘 지냈었다. 하지만 변 씨가 딴생각을 하면서부터는 김 씨와 서 씨의 사이까지 서먹해졌다. 원래부터 주변머리가 없던 김 씨는 세 사람과의 사이가 그렇게 되면서부터 시장 안에서도 왕따 아닌 왕따 신세였다. 가게에 나가서 오는 손님 받고, 점심 먹고, 오후에 들어오는 물건 받고, 마누라와 교대하면 집에 와서 잠을 자는 게 고작이었다. 가게를 가지게 되던 날은 1년 뒤에는 금방이라도 벼락부자가 될 것 같았다. 그나마 오십 줄이 훨씬 넘은 나이에 길거리에 나앉지 않을게 다행이라고 위로하면 되지만, 김 씨는 살아가는 매일이 낙이 없었다. 자신의 처량한 처지만 생각나고, 그럴 때마다 혼자 평양 댁의 막걸리 집을 드나들게 되었다. 집에 들어가야 마누라가 자신의 능력 없음을 탓할게 분명했다. 젊은 날 사업을 하다가 몇 번 엎어먹은 이력으로 그 치다꺼리를 고스란히 맡았던 마누라에게도 김 씨는 변명의 여지가 없었다. 과일가게도 마누라가 아끼고 아낀 비상금과, 처갓집 식구들이 어렵사리 마련해 준 돈으로 열었던 것이었다. 기운을 내도 모자랄 판에 자꾸만 독 안에 든 쥐처럼 햇빛을 피해 숨고 싶은 마음만 들었다.

"여기 막걸리 좀 줘요."

김 씨는 기운이 없는 목소리로 평양 댁한테 말했다. 주방에서 한참 김칫거리를 다듬고 있던 뚱뚱한 평양 댁이 일부러 들으라는 듯이 큰소리로 말했다.

"알았어요. 오늘은 내가 한턱냅니다. 기운 내요."

김치와 동그랑땡 찌개를 담아서 막걸리와 함께 내온 평양 댁은 음식 장사를 오래 한 손답지 않게 고운 손으로 탁자에 올려놓았다.

"김 씨 아저씨만 그런 거 아니니 너무 낙담 말아요. 사람 목숨 안 다친 것만도 고마운 거지. 안 좋은 거 생각하면 더 가라앉으니까 좋은 것만 생각해요. 알았죠."

평양 댁의 지나가는 한마디였지만 김 씨는 정말 고마웠다. 김 씨는 혼자서 거푸 막걸리 잔을 석잔 째 비우고 더 마시고 가라는 소리를 뒤로하고 그곳을 나섰다.

"참! 아저씨 사람들이 변 씨 아저씨 있는 곳을 알았대요. 다들 결판을 짓는다면서 몰려갔는데 아저씨는 안 가나요?" "뭐라고요? 변 씨가 어쩌고요? 그 말을 왜 지금해요 씨발!"

김 씨는 비틀거리는 발걸음을 가누면서 거리로 나섰다.

"어디라고요? 어디로 갔다고요?"

김 씨가 혀가 약간 꼬부라진 목소리로 평양 댁한테 물었다.

"왜, 거기 있잖아요. 여기서 오 분 정도 가면 상가 건물주사는 그곳. 사장이 하는 부동산사무실 거기 있대요. 그러면서 다들 거기로 가던데."

김 씨는 그 말을 듣는 순간 그곳에 가면 해결책이 있을 거라는 희망이 생겼다.

어디서 알고 따라왔는지 마누라가 김 씨 앞에 서 있었다.

"여보! 우리 어떻게 해요?"

"뭘?"

아내는 거의 숨이 넘어가는 목소리로 절망하고 있었다.

"우리는 보험도 안 되잖아요. 당신 말대로 진작 보험 좀 들어놓을 걸. 내가 미쳤나봐요. 어떻게 마련한 가겐데. 이제 우리 어떻게 해요? 당장 입에 거미줄 치게 생겼으니." "재수 없는 소리 그만둬. 우리가 뭘 어쨌다고. 그깟 가게 하나 다시 시작하면 되지. 사람이 죽지 않았던데 무슨 대수라고. 걱정 말고 집에 가 있어. 내가 일 해결하고 금방 들어갈 테니까."

김 씨는 아내한테 위로의 말이라고 한 마디 던지고 급하게 지나가는 택시를 잡아탔다. 변 씨가 있다는 그곳에 가야했다. 사람들이 떼거리로 몰려갔다면 아직 그곳에 있을 것이다. 다들 김 씨처럼 타는 마음으로 그곳에 간 게 분명했다. 해결을 떠나서 관리 과장한테 따져 물을게 많았다. 소방시설 점검이나, 시장 출입하는 사람들의 관계에 대해서도 관리과장이 다 알아서 하는 것이었기 때문에 그를 다그치면 속 시원한 대답이라도 들을 수 있을 터였다.

불이 나기 전날. 낮에는 비가 내렸었다. 게다가 낮에는 십 여분 정도 전기가 나가기도 했었다. 변 씨는 별일 아니라면서 한전에서 잘못해서 정전이 된 것이라면서 말을 했었다. 모두들 그런 것이라고 생각을 했었다. 정전이 된 순간 미친 여자가 김 씨의 가게에 들어왔던 것을 기억한다. 방향감각을 잃어버린 게 분명했다.

"여기가 아닌데, 색시 맞은편 가게가 총각네 가게예요."

김 씨가 여자한테 말했다. 그 여자는 이십대였는데 머리를 항상 풀어헤치고 흰옷을 입고 대낮에 돌아다니곤 했다. 머리가 너무 좋아서 그렇게 되었다는 말을 들었지만 불쌍하다는 생각으로 사람들은 그녀가 무얼 하건 별 상관을 하지 않았다.

"난 아저씨가 좋아."

여자는 평소에 변 씨네 아들을 붙잡고 하던 것처럼 그날은 김 씨를 붙잡고 뽀뽀 세례를 퍼 부어댔다. 그리고는 한참을 꼭 껴안고 울기까지 했다.

"왜 울어?"

측은한 마음에 김 씨가 물어보았다.

"우리 아기가 보고 싶어."

김 씨는 애기라는 말에 여자를 떼어내고 다시 물었다.

"애기가 왜?"

"애기가 자꾸 오라는데, 어디 있는지 모르겠어. 난 아저씨가 좋아."

"그래. 나도 아가씨가 좋아."

여자는 다시 뽀뽀를 해주고는 가게에서 나갔다. 그와 동시에 전기가 다시 들어왔었다. 여자의 눈에 눈물방울이 맺히던 것을 김 씨는 기억한다. 어린나이에 겪지 말아야 할 힘든 일을 겪어서 상처가 큰 탓에 그리 된 것일지 모른다는 생각이 들면서 김 씨는 여자에 대해서 애틋한 마음이 들기까지 했다. 하지만 왜 하필 불이 나기 전날, 정전이 된 거였으며, 그 여자가 자신의 가게에 들렀었는지 이해 할 수가 없었다. 그리고 자신의 가게에서부터 불이 시작되었다는 말은 또 무슨 뚱딴지같은 소린지 알 수 없었다.

"아저씨 어디서 세워드려요?"

김 씨가 생각에 빠져 있는 동안 택시기사가 소리를 질렀다.

"아까부터 계속 이곳만 뱅뱅 돌잖아요. 정확히 어디예요? 계속 돌 수 없거든요."

택시기사는 화가 난 것 같았다.

"잠시 만요. 여기 어디였는데."

김 씨는 택시의 창을 열고 목을 쭉 빼고는 주위를 둘러보았다. 몇 달 전에 사장이 점심 대접한다고 해서 한번 와 본적이 있었다. 그때는 이렇게 건물이 많지 않았던 걸로 기억하고 있었다. 그런데 지금은 빽빽하니 10짜리 건물이 여기저기 난리가 나듯 얼굴을 맞대고 서 있었다. 어느 건물이었는지 도무지 다 똑같은 건물 투성이어서 분간할 수가 없었다.

"거기가. 그러니까……."

김 씨는 생각이 날 듯도 하고 말 듯도 해서 찬찬히 살펴보려고 말을 했다. 그러나 택시기사는 소리를 버럭 질렀다.

"아저씨 내리세요. 돈은 안 받을 테니까 얼른 내리세요."

귀찮다는 듯이 김 씨에게 무조건 내리라고 생떼를 썼다.

"아니, 기사양반! 누가 돈 안준대? 거 사람이……."

김 씨는 더 이상 말을 할 수가 없었다. 택시 기사가 운전석에서 내려 김 씨가 앉은 뒷좌석으로 와서 문을 열고 다짜고짜 팔을 붙잡고 길거리에 김 씨를 내려놓고 휑하니 가버렸다.

김 씨는 답답한 마음에 담배를 물고는 찬찬히 생각했다. 8층짜리 건물이었고, 1층에 시티부동산이라는 간판이 걸려 있었다. 사거리 근처였고 바로 옆에는 꼼장어라고 간판이 크게 붙어 있었던 것이 기억났다. 김 씨는 꼼장어 간판을 찾기로 하고 한참을 걸었다. 택시기사가 내려준 곳에서 얼마가지 않아 사거리가 나왔고, 기억속의 꼼장어 간판이 보였다. 제대로 왔다는 생각이 들자 김 씨는 답답한 마음이 좀 진정이 되었다.

길을 건너 신호들이 바뀌기를 기다리고 있었다. 시티부동산은 바로 눈앞에 있었다. 신호등이 바뀌는 시간이 길기도 길었다. 숨을 몇 번 들이마셨다 내쉬었다 하면서 김 씨는 마음이 조급해졌다.

그때였다. 시티부동산의 문이 열리면서 변 씨와 시장상인 대여섯 명이 웃으면서 나오고 있었다. 그 안에는 서 씨도 있었고, 3층 의류공장 담당이던 젊은 남자도 있었고, 항상 들락거리던 미친 여자도 함께 있었다. 모두들 무엇이 좋은지 얼굴에 웃음이 만발해 있었다.

"이것 봐요."

김 씨는 답답한 마음에 소리부터 질렀다.

사람들은 택시를 잡다 말고 소리 난 쪽을 바라보았다. 김 씨라는 것을 알아보고는 얼굴들이 굳어지고 있었다. 그러더니 서둘러 택시 두 대에 나누어서 올라타고는 어디론가 바삐 떠나버렸다.

횡단보도의 신호등 색깔이 바뀌고 김 씨가 숨차게 뛰어갔지만 그 사람들은 이미 어디론가 사라진 후였다.

"이것 봐. 나 여기 있다고."

김 씨는 택시가 사라져간 방향에 대고 소리를 질렀다. 화가 나서 견딜 수가 없었다. 자신이 믿었던 사람들이 자신만을 남겨두고 어디론가 갔다는 것이 바로 배신감을 안겨주었다. 김 씨는 따질 것도 많고 할 말도 많았다. 그런데 들어줘야 할 사람들이 자신 앞에서 유유히 웃으면서 사라졌다.

"나 여기 있다고. 내 말을 들어야지. 어떻게 된 건지 얘기를 해줘야지?"

있는 힘껏 소리를 질러댔다. 눈에 눈물이 맺히고 있었다.

"나도 할 말이 있다고. 알아? 나도 할 말이 있단 말이야."

김 씨는 주저앉았고 계속 허공에 대고 소리를 지르고 있었다. 지나가던 사람들이 모두 걸음을 멈추고 김 씨를 바라보고 있었다. 차 소리

가 시끄럽게 울리면서 김 씨의 목소리는 들릴 듯 말듯 작아지고 있었다. ▪

하얀 고무신

마선숙

순녀는 간간히 고개를 빼고 창밖으로 눈을 주었다. 바깥 풍경 보는 게 아니다, 정우만 바라보기 멋쩍어 눈을 번갈아 밖으로 돌렸을 뿐이다. 밖은 봄이다. 어김없이 4월이 왔다. 먹먹하다. 겨울이 매서웠어도 봄을 반가워 할 수 없다. 4 · 19는 순녀에겐 아물 수 없는 악몽이다. 삭이고 살다가도 4월이 되면 목이 메었다,

정우는 손잡이가 달린 긴 솔로 변기 속을 닦고 있다. 얼룩얼룩 묻어있는 오물들이 쉽게 안 없어지는지 소독약을 뿌린 후 물을 내렸다. 정우 이마에 땀이 맺혀있다. 안쓰럽다. 마음 같아선 휠체어를 욕실로 밀고 가 이마의 땀을 씻어주고 싶다. 가만히 쉬라 하고 자신이 해버렸으면 좋겠다. 꼼짝없이 앉은뱅이로 갇혀 지내는 자신이 서글프다.

"고만 해 둬. 깨끗한데 뭘"

순녀가 입 속으로만 우물거리던 말을 내밀었다

"또 넘어지면 비극이에요"

정우가 순녀를 쳐다보지 않고 무덤덤하게 대꾸했다. 귀가 멀어 웬만한 소리는 놓치기 일쑤인데 비극이란 말은 유난히 또렷이 들려왔다. 순녀는 불에 덴 듯 움찔했다. 남편 노식이 욕실서 넘어져 오래 운신을 못 한 적이 있어 더 그렇게 들린 것 같다.

노식이 구십 셋이고 순녀가 구십 둘이다. 평균 수명이 훨씬 지났다. 하루는 긴데 구십 이 년은 왜 이리 짧은가? 노식은 당뇨 고혈압이 있어도 관리를 잘 해 그런대로 정정했다. 이가 부실해 단단한 것은 먹지 못하고 백태도 끼어 볼 상 사납지만 불구가 된 순녀보다는 나았다.

노인네들이 쓰는 욕실은 며칠만 내버려두면 지린내가 나고 퀴퀴했다. 신경이 둔해져 아무리 조심해도 변기에 오물을 묻히니 민망할 때가 많다.

원래는 오래 된 단독주택이라 화장실이 하나뿐인데 순녀가 거동을 못하게 되자 옆방을 개조해 욕실로 만들었다. 안방을 정우 내외에게 내주고 휠체어가 드나들게 욕실이 달린 건넌방으로 옮겨 온지 삼 년 되었다.

4 · 19때 큰 아들인 정식을 잃는 바람에 정우가 장남이 되었다. 여기저기서 민주주의 함성이 폭발 했지만 그 틈에 정식이 끼었으리라고 낌새도 못 챘다. 밤이 이슥하도록 돌아오지 않아 안절부절 했는데 다음 날 몸이 싸늘하게 식어 피를 흘리며 돌아왔다. 부상자가 많아 헌혈을 하다 시위에 가담했고 총을 맞았다. 겨우 고등학교 일학년생이 꽃으로 피어보지 못하고 하얀 상여 꽃이 되었다.

잘 여문 꽃씨처럼 허튼 데 없던 녀석이었다. "이 담에 뭐가 될래?" 하고 사람들이 물으면 눈망울을 묵직하게 굴리며 소방관이나 곤충 학자 되겠다고 미소 지었다. 자다가도 엄마, 하는 음성이 들리는 것 같아 밤이고 새벽이고 국립 4.19민주 묘지로 뛰어갔다.

비 오는 날은 아이가 비 맞을까봐 묘지 위에 종일 우산 씌어주고 앉아 있다 오곤 했다. 그렇게 가려고 자궁 속으로 팔랑팔랑 나비처럼 들어와 꺼이꺼이 갔을까?

어쩌다 잠이 들면 꿈속에 정식이 나타났다. 소방관 옷을 입고 화재 난 곳으로 뛰어들어 불 끄는 꿈이 연달아 나타났다 사라지며 마음을 어지럽혔다.

아이를 탁본해 가슴에 새기고 산 세월이 반세기 지났건만 아직도 사월이 오면 숨을 쉬다가도 졸지에 멈출 것 같다.

정우가 벽에 물줄기를 뿌려댔다. 타일 사이에 낀 먼지와 때가 씻겨 나갔다. 수압이 높은지 물줄기가 튀어 머리를 젖게 만들었다. 정우 머리가 하얗다. 반 이상이 백발이다. 허리도 많이 굽었다. 중노인이 상노인을 모시는구나 싶어 탄식이 몰려왔다.

"머리 좀 닦거라"

순녀는 정우에게 조심스럽게 말했다. 마른 타월을 꺼내 물끼를 훔쳐주고 싶은데 스스로 일어나 걸을 수 없는 몸이 원망스럽다.

"내버려둬요"

정우는 이번에도 혼잣말처럼 중얼거렸다. 마음이 서늘해왔다. 어려서부터 성격이 적극적이지 못하고 소심해 은행 지점장까지는 못하고 차장에서 정년퇴직했다. 연금과 약간의 저축으로 살림 꾸리는 걸 알기에 될 수 있으면 부담 주고 싶지 않은데 마음대로 되지 않는 게 삶이다.

그동안 노식이 위경련과 당뇨로 응급실 신세를 졌고 전립선염으로 큰 수술을 했다. 순녀 자신도 고질병인 관절염으로 정형외과를 노상 들락여 마음이 편치 않다.

며느리 지혜는 하노라고 했다. 세끼 식사 외에 순녀를 며칠에 한번

목욕 시켜주면서 생색 낸 적도 없다. 입성도 깨끗하게 건사 해줬다. 노식이 당뇨 수치 올라 반찬에 설탕을 넣었느니 짜니 불평해도 잠자코 듣는 걸 보면 대견했다. 노식이 술 마신 다음 날은 잊지 않고 술국까지 끓여 줘 고마웠다. 나물도 푹 삶아 물컹하게 무치고 김치도 무를 데쳐 숙깍두기를 해 주는 등 보살피느라고 애썼다.

아침에 정우가 방문 열고 인사할 때마다 연민이 스쳐갔다. 우리로 인해 해외여행도 못하고 자유롭지 못해 눈치가 봐 졌다. 초연히 숭엄하게 떠난 정식을 생각하면 얼굴 주름이 번데기처럼 오글거리도록 사는 자신이 누추해보였다.

우리가 구십대고 아들내외가 칠십대다. 손자인 근수 내외가 사십대로 증손이 지금 세 살이니 돌아가신 시부모세대까지 오대를 겪고 있다.

기운이 없다. 체력이 딸려 팔 다리가 축 늘어졌다. 벌써 사흘째다. 며느리에게 속이 안 좋다고 죽을 달랬다. 노식 앞에서는 한 숟갈 뜨는 척 했지만 혼자되면 죽을 변기에 버렸다. 이런 저런 약들도 먹지 않고 죽과 함께 쏟아냈다. 시야가 까무룩한 걸 보니 효과가 나타나는 걸까?

"날 시설에 보내다오"

순녀는 정우 내외에게 여러 번 졸랐다. 그러나 애들은 정신 줄 놓기 전엔 안 된다고 머리를 저었다. 노식도 기념사진처럼 순녀를 끼고 있으려 했다. 매사 통박을 주면서도 놔주지 않았다. 휠체어에 앉아있지만 말벗은 되는가보다.

때로 정우가 칠십 둘이라는 게 소스라치게 놀랍다. 어릴 때 정우는 배앓이를 했다. 배를 쓸어주면 "엄마 손은 약손이야. 다 나았어." 하면서 목을 껴안고 입 맞추었다. 나중에 아이는 엄마가 배 만져주는 게 좋아 일부러 아픈 척 했다고 어머니를 놀렸다. 그런 개구쟁이 기억이 손금처럼 생생한데 어언 칠십 둘이 되었다. 세월이 왜 이렇게 빠른지!

순녀가 가면 노식이 측은하다. 융통성이라곤 없으니 빗자루에 달라붙은 낙엽 신세이리라. 오늘만 해도 그렇다. 조카 손자 결혼식이 있는데 같이 가자 안했다고 노여워서 일찍 종묘로 나갔다. 검은 머리 하나 없이 백발이 성성한 늙은이가 잔치에 가겠다고 나서는 게 민폐다. 친척붙이들이 마지못해 인사야 하겠지만 속으로는 노인네를 달가워하지 않을 텐데 딱하다. 말로만 인사하기 뭣해 용돈이라도 줘야 할 것 같아 부담스러워하는데 그걸 모르고 있다.

노식은 순녀에게 살갑지만은 않았다. 옛날 사람이라 여자를 이쑤시개처럼 소홀히 대했다. 동회 서기로 근무하다 구청 과장으로 퇴직할 때까지 월급도 꼬박꼬박 갖다 주지 않았다. 그렇지만 미운 정도 정인지 마음이 짠하다. 순녀가 떠나고 매사 고리타분하게 굴다간 애들이 힘들까봐 걱정이다. 호랑이 아닌 종이호랑이 행세라도 하려 할게 뻔하다. 늙으며 더 돈에 집착하는 모습도 안타깝다.

그래도 노식이 버팀목이다. "여보, 할멈 비 온다. 눈 온다" 하고 말시키는 사람도 노식 뿐이다. 고구마 먹을 때는 "물부터 먹어요. 체할라" 하고 관심보이는 사람도 노식이다. 대가족 속에서 노식도 이해하고 아들 세대도 이해하니 이해하는 사람만 죽을 맛이다.

노식은 백 살까지 살고 싶어 했다. 아침 먹은 후 영양제를 대여섯가지 복용했다. 관절 약, 눈 약, 혈액 순환 약, 치아에 좋다는 약. 배뇨약, 비타민까지 한 움큼 뱃속으로 들이밀었다. 9988234를 외치며 장수하겠다고 노래를 불렀다.

"고만 살고 우리 저승길 손잡고 갑시다. 식솔들 고생시키지 말고"

두 해 전에 순녀가 넌지시 떠봤었다. 노식이 아흡수라 그런지 맥을 못 추고 누워만 있기에 생이 다 되었구나 싶었다.

"죽고 싶으면 할멈이나 죽어."

노식은 버럭 역정을 내며 걸레통을 발로 차고 나가버렸다. 삶에 대한 애착을 어떻게 할 수 없나보다. 노식이 백세를 살면 아들 내외가 팔십인데 누가 모시나? 맞벌이 근수 내외는 동생을 낳아야 하는데 봐 줄 사람 없어 못 낳는 눈치다. 우리 없으면 근수 네랑 살면서 애봐 주면 되는데 미안하다. 집안 삼대가 상늙은이 중늙은이 그리고 장년이다.

돌아보면 참으로 험한 시대를 건너왔다. 사는 게 비극 그 자체였다. 조그만 몸뚱이로 역사의 질곡을 헤쳐 왔다. 풍파 속에서도 용케 살아났다.

빈한한 농가에서 태어났다. 곤궁해서 쌀밥 실컷 먹어 보는 게 소원이었다. 깜장 고무신이 닳을까 봐 학교 오 갈 때 신작로 길은 맨 발로 다녔다. 명절에나 겨우 계란 같은 것을 구경하던 때였다.

사진만 보고 열여덟에 노식에게 시집갔다. 가난해서 밤이면 호롱 불 밑에서 양말을 기었다. 장작불로 밥하고 냇가에 얼음 물 깨서 빨래하며 동상으로 고생이 심했다. 무명 한복을 입고 땅 파는 두더지처럼 일만 했다. 모진 세월 살다 시부모님 돌아가신 후 안주인이 되었다. 여전히 궁색하고 쪼들렸지만 집 안에 뒤뜰이 있어 마음을 붙이고 살았다.

뒤뜰은 한가로웠다. 물자가 귀할 때였어도 일년초 꽃들은 풍성하게 피고지고를 반복했다. 구석에 놓인 평상에 누워 하늘의 구름을 바라보는 게 유일한 낙이었다. 가끔 쌀 항아리 속에 보관해 놓은 애들의 상장과 졸업장 그리고 아이들 자랄 때의 앨범을 보는 게 즐거웠다.

그때가 순녀 일생에 가장 평화로웠던 시절이었다. 식구들이 둥그런 밥상에 둘러 앉아 김나는 밥을 먹으며 의지하고 살았다. 반찬에 숟가락들이 게 눈 감추듯 들락이는 걸 보는 게 뿌듯했다.

그런 세월 끝에 팔십이 넘으니 병이란 병은 다 왔다. 부정맥 무릎 관절염 허리 디스크에 녹내장 백내장까지 성한 데라곤 없었다.

불구가 되어 휠체어에 앉게 된 것은 삼년 전이었다. 관절염이 심해 걸을 수 없게 되어 별 수 없이 휠체어 신세가 되었다.

정우는 욕조의 물때를 수세미로 문지르고 있다. 저 애도 평생 돈 한 번 제대로 못썼다. 하늘에서 순녀에게만 돈이 떨어지면 몰래 정우에게 주고 싶다.

지금 세상은 순녀가 살아온 암울한 세상과는 딴 판이다. 집집마다 차가 있고 현금대신 카드로 물건 사는 세상이 오리라고 꿈에도 생각지 못했다. 태어 날 때 자기 먹을 건 가지고 태어난다고 쑥 쑥 낳았건만 이젠 자식을 많이 낳지 않는 세상으로 바뀌어 낯 선게 한 두가지 아니다.

정우는 물끼 한 점 없이 바닥을 마른 걸레로 훔치고 머리칼을 주워 쓰레기통에 버리고 있다. 마무리로 청소 도구를 정리하고 방향제를 뿌려댔다. 후각이 살아있는지 산뜻한 향이 코를 간질였다. 정우가 일을 마치고 손을 씻었다. 피곤해보였다. 등이 굽어 있는 게 안쓰럽다.

언젠가 얼굴이 화끈했던 적이 있었다. 순녀가 정우와 병원에 갔는데 간호사가 정우에게 "환자 남편 되시죠?" 해서는 무참해서 얼른 고개를 숙였다. 지혜도 노식과 함께 어딜 가면 부부로 본다기에 쓰디쓰게 웃었는데 명줄이 기니까 자식과 함께 늙는 것 같다.

정우가 욕실의 환기창을 닫고 방으로 들어왔다. 순녀도 휠체어를 굴려 구석으로 비켜섰다.

"먼지 들어와요. 창문 닫을 게요"

정우가 방 창문을 닫으면서 예사롭게 뇌까렸다.

"흰 머리가 늘었구나. 염색 할 때가 되었어."

"어머니가 이해하세요. 흰 머리가 불효인지 알지만 눈이 나빠져서 안 되겠어요"

정우가 남에게 하듯 느릿느릿 말 하고는 문을 열고 나갔다.

정우가 빠져나간 방문 쪽을 보다 휠체어를 굴려 벽 쪽으로 다가갔다. 허리를 숙여 문갑 문고리를 앞으로 잡아당겼다. 뼈만 앙상한 손이 헛놓였다. 손에 힘을 주어 다시 시도해 문을 열었다. 안을 헤집어 고이 보관해 둔 상자를 꺼냈다. 무릎에 상자를 놓고 뚜껑을 열었다. 검은 한복 위에 하얀 고무신이 단정하게 들어있다. 새것은 아니지만 말끔히 빨아 정갈했다. 당혜를 본 뜬 버선 닮은 고무신 코가 날렵하다. 고무신을 꺼내 두 손으로 쓰다듬었다.

정식이 죽기 전 어버이날에 선물한 고무신이다. 오랜 세월 정식을 보듯 간직해왔다, 정식은 과묵하면서도 다정다감해 생일이나 어버이날엔 작은 선물을 했는데 그 중에서도 이 고무신이 특히 마음에 들었다.

정식의 생일 날마다 검은 한복에 이 고무신을 신고 국립 4 · 19민주묘지를 찾아 갔다. 그러나 걷지 못한 뒤로는 그리울 때마다 고무신을 어루만지며 마음을 달랬다. 고무신을 신고 있으면 순녀의 몸이 정식 옆에 가 있는 것 같아 위안이 되었다,

고무신을 신었다 벗은 후 가슴에 껴안았다. 정식을 안고 있는 것처럼 그리움이 복받쳤다. 고무신에서 정식의 체취가 전해져 오는 것 같았다. 눈물 한 방울이 떨어졌다. 잠시 후 다시 상자에 고이 넣어 문갑 안으로 깊숙이 감췄다. 손이 떨려 바닥으로 떨어트리지 않으려고 온 신경을 집중했다.

다시 벽 쪽으로 휠체어를 밀고 가 눈을 감았다. 몸이 무겁다. 모래주머니를 달고 있는 것 같다. 노크 소리가 들리고 문이 열렸다. 지혜가 쟁반에 죽을 담아가지고 왔다. 휠체어 위에 유리판을 얹은 후 쟁반을

놓았다. 잣죽이다. 냄새가 고소하다.

"결혼식 다녀 올 게요. 집에 혼자 계셔야 해요"

지혜가 높낮이 없이 조용한 목소리로 말을 건넸다. 티브이에 나와 떠드는 사람들 말소리는 못 들어도 자식들이 하는 소리는 잘 들려왔다. 자식 앞에선 긴장하고 있나 보다.

"염려마라. 어서 다녀와."

순녀가 지혜를 안심시키기 위해 목청 높여 크게 대답했다. 지혜가 고개를 끄덕이며 문을 열고 나갔다. 지혜는 대범하고 품이 넓었다. 말이 없어 속내를 알 수는 없지만 순녀를 불편하게 한 적이 없다. 그런데도 가끔 무시당하는 느낌이 들 때가 있지만 그때마다 오해하기 시작하면 끝이 없다고 자신을 추슬렀다.

며느리도 몇 년 전부터 앉았다 일어나려면 끙 하고 앓는 소리를 했다. 만성 위염에 시달리는 얼굴빛도 밝지 않아 매사 대접 받으려 하지 말자고 마음을 비웠다.

침이 꿀꺽 넘어갔다. 잣 죽 색이 식욕을 돋웠다. 노식과 내가 팔십 넘으면서 지혜에게 상을 따로 봐 달라 했다. 처음엔 식탁에서 같이 식사했다. 그런데 손이 떨려 반찬 집다 다른 반찬에 빠트리는 일이 잦아 궁여지책으로 밥을 따로 먹자고 했다, 정신 바짝 차려도 흘리게 되니 불가항력이다.

죽에 마음이 동해 결심이 무너질까봐 휠체어를 욕실로 끌고 갔다. 변기 앞에서 죽 그릇을 서둘러 주르르 쏟아 부었다, 죽이 금가루처럼 아깝다. 주머니에 넣어 두었던 혈압 약과 부정맥 약들도 모조리 던지고 물을 내렸다. 죽과 약이 소용돌이치며 쓸려 내려갔다. 시원섭섭하다. 목숨을 끊을 자유가 있어 다행이다. 구차스럽게 억지로 생을 붙잡고 싶지 않다. 밑동까지 썩은 고목이 모질게도 오래 살았다.

방 안으로 들어왔다. 오늘이 며칠이더라? 달력을 보았다, 글자가 흐릿하니 눈에 들어오지 않았다. 동공을 굴려 눈을 크게 떠보려 했지만 초점이 모아지지 않았다. 항상 등이 쑤시고 저렸는데 감각이 희미해졌다. 갈 때가 된 걸까?

마음이 급해졌다. 정신이 멀어지기 전에 문갑 앞으로 휠체어를 굴렸다. 온 힘을 모아 문갑 문을 열고 상자를 꺼냈다. 자꾸 손이 미끄러졌지만 "정식아 정식아" 불렀더니 실수 없이 고무신을 꺼낼 수 있었다.

고무신을 발에 꿰었다. 떨어트릴 것 같아 손아귀에 힘을 주고 제대로 신었다. 아무래도 정식이가 도와주는 것 같다. 고무신도 바닥으로 구르지 않고 발에 잘 신겨졌다. 이제 되었다. 아무 여한 없다.

순녀는 마른 가랑잎 같은 얼굴을 쓰다듬었다, 손이 올라가다가 아래로 축 쳐졌다. 아무 것도 안보였다, 이제 가는 건가? 숨이 잠시 헐떡여지더니 잦아졌다. 눈가가 축축해왔다. 아직도 흘릴 눈물이 남았나? 점점 아무 것도 들리지도 보이지도 않았다. 얼마 남았을까? 십 분 아니 일분.

고개를 바닥으로 툭 떨어트렸다. 심장 박동 소리가 멀어졌다. 이제 정식의 곁으로 갈 것이다. 흰 고무신을 신었으니 저승사자가 정식 옆으로 데려갈 것이다.

"여보. 할아범. 나 먼저 가요. 곧 뒤 쫓아 와요 "

순녀는 입술을 달싹였다.

"애비야. 에미야"

가까스레 온 힘을 다 해 말을 밀어냈다.

"그동안 고마웠다, 애 많이 썼어."

순녀의 숨결이 완전히 끊겼다, 순녀의 영혼은 그네가 높이 치솟듯 정식이 있는 곳을 향하여 민들레 씨처럼 훠이 훠이 한없이 날아갔다.

노식은 병원 문을 열고 밖으로 나왔다. 4월이다. 곡우에 비가 안 오고 산간지방에 눈이 왔다니 이상한 날씨다. 이십 년 만의 큰 눈이라고 했다. 그 뉴스를 보면서 또 4월이 되었구나 싶었다. 평소엔 정식을 잊고 살지만 4월엔 안 떠 올릴 수 없다. 창창한 나이에 연애도 못하고 장가도 못 간 게 뼈저리다.

순녀가 꿈속에서도 정식을 못 잊기에 일부러라도 정식 얘기를 꺼내본 적 없다. 자식은 자식일 뿐이지 그로 인해 자신까지 불행에 발 담그고 싶지 않다.

오늘도 고뿔이 올 것 같아 내과에서 미리 주사를 한 방 맞았다. 순녀가 알면 오래 살려고 기 쓴다고 지청구 할 까봐 말없이 나왔다. 환한 세상 되었는 데 누리고 싶은 건 당연하지 않은가? 원래 죽은 사람만 억울한 법인 게야. 산 사람은 살아야하지 않는가?

순녀에겐 결혼식 못 가서 화 난 척 하고 병원부터 다녀왔다. 애들이 같이 살기 힘들겠지만 아는 척 하기 싫다. 이런저런 신경 쓰면 의기소침해져 기죽을 것 같다. 백세 시대에 9988234하려면 돈은 생명줄이니 돈만이 관심사다.

노식은 공짜 지하철서 내려 종묘 쪽으로 슬슬 걸어갔다, 종로는 서울에서도 별로 크게 변하지 않았다. 몇 십 년 전 건물이 그대로인 곳도 있어 추억이 배어있다.

광장으로 가니 많은 노인들이 서성이고 있다. 황혼 휴게소다. 돗자리 깔고 바둑 두는 사람들, 그걸 구경하며 훈수하는 노인들, 무료로 영정사진 찍는 데서 차례 기다리는 무리들, 외진 곳에 삼삼오오 몰려 시국 토론하는 노인들, 무명 악사가 트럼펫 공연하는 것을 구경하는 사람들로 시끌시끌하다.

노식은 늘그막에 이곳 노인들과 정붙여 지냈다. 그나마 입성이 깨끗하고 용돈이 궁하지 않은 축들이다. 나이 많고 번듯한 과거 경력도 없어 약간 꿀릴 때도 있지만 그럭저럭 어울려왔다. 푸대 같은 옷만 입어 별명이 헐렁이인 영화감독 출신 윤 씨. 삐적 마르고 눈이 움푹 들어간 잡지사 기자 출신 박 씨. 건축해서 큰 돈 만져봤다는 최 씨. 보험회사 상무 출신으로 식구들이 외국 간 뒤 소식 끊겨 눈에 핏발이 서 있는 김 씨등이 패거리들이다.

다섯 노인은 트럼펫 공연을 구경하다 점심때가 되어 자리를 이동했다. 광장에서 나와 건너편 좁은 골목 안으로 들어섰다. 단골로 다니는 이천 원짜리 잔치국수 집이다. 식당 주인이 화장실 옆 구석 자리로 안내했다. 언제나 지린 내 나는 곳으로 안내해 불만이 많지만 구시렁거리지 않고 정해준 자리에 앉았다. 노인 중에서 조금이라도 젊은 축이 들어오면 창 가 자리에 앉히는 것을 보고 언짢은 적도 있지만 이젠 그러려니 했다.

국수가 날라 오자 다들 후루룩 들이켰다.

"늙으면 뼈가 삭아 잘 먹어야 혀. 차려주는 사람 없으니 나라도 찾아 먹어야지"

최 씨가 쭈글거리는 목소리로 운을 뗐다. 아내가 죽어 혼자 살고 있는 처지다.

"임형이 여기서 제일이야. 며느리가 꼬박꼬박 밥상 갖다 바치잖아?"

박 씨가 꼬장꼬장하게 끼어들었다.

"맞네. 젊을 땐 몰랐는데 밥이 요물이여. 식구가 차려주는 밥상이 눈물 나게 그리워"

최 씨가 얼른 맞장구를 쳤다. 노식은 어험하고 헛기침을 했다. 크게 한 자락 한 적은 없지만 현재로는 제일 우쭐한 형편이다. 휠체어에 앉아 있어도 마누라 있고 아들 내외가 버젓이 밥상을 갖다 주니 말이다.

"거 저녁이 있는 삶인가 하는 선거 구호도 있지만 같이 숟가락 부딪치며 밥을 먹는다는 게 젤로 소중한거여."

최 씨가 한탄조로 다시 덧붙였다.

"젊을 때는 그걸 몰랐어. 다시 태어나면 퇴근하고 일찍 들어가 밥상에 둘러앉아 밥을 꼬박꼬박 먹을 텐데"

박 씨가 회고조로 말을 뱉었다. " 왜 젊을 땐 그런 게 눈에 안 들어 왔을까? 바빠 죽겠는데 집에 일찍 오라는 성화가 그렇게 듣기 싫었으니"

식구들이 외국으로 날라 외톨이인 김 씨가 거들었다

"자네도 식구들 따라 외국으로 가지 왜?"

윤 씨가 딱한 듯 혀를 찼다.

"어디 있는지 몰라. 안 가르쳐주니 말일세."

김 씨가 배척당한 처량한 목소리로 하소연했다.

"자네가 돈 만질 때 잘해놨어야 하는데 속을 많이 썩였구먼."

노식이 어깨에 힘을 주며 위로하듯 말했다. 돈은 많지만 실버타운에서 혼자 버림받은 김 씨 처지가 자기보다 나을 게 없어 은근히 뻐겨지었다.

"누가 이리 될지 알았나? 가정에 등한한 벌을 받고 있어"

김 씨가 머리를 긁으며 말꼬리를 내렸다.

"자넨 얼굴에 우중충한 검버섯부터 빼. 그 많은 돈 뒀다 뭐에 쓰게?
"

윤 씨가 김 씨를 부추겼다.

"이 나이에 무신"

"요즘은 늙어 보이면 지는 거라네. 세상 돌아가는 행태가 그렇다니까"

"나무꾼같이 태평한 소리일세. 백세 시대에 돈 아껴야지"

노식이 윤 씨 말을 단칼에 무찔렀다.

"임 형은 돈이라면 항상 벌벌 떨어."

최 씨가 핀잔주듯 윤 씨를 옹호했다.

"외로운데 장사가 없어. 요즘 절에도 가고 성당도 가고 교회도 간다네. 외로우면 정신착란이 올 것 같아 여기저기 헤매는 거야"

박 씨가 속내를 털어놨다. 노식은 국수를 건져 먹고 국물을 한 방울도 남기지 않고 들이켰다. 다른 노인들도 그릇 바닥이 보이도록 국물을 다 마셨다. 돈 주고 사먹는 건 누구라도 남기는 법이 없다. 백 세 시대에 아껴야 한다는 생각이 공통으로 꽉 차 있다.

"지금은 효자들 구경하기 힘들어. 박물관 유리창 안에나 가면 있을까?"

윤 씨가 갑자기 개탄조가 되었다

"고령화 시대에 같이 늙어가니 효를 강요 할 수가 없다네. 백 세 시대엔 할아버지가 구십이면 아들이 칠십이고 손자가 오십이니 삼대가 양로원이라네."

박 씨가 유식하게 단언했다. 다들 고개를 주억거렸다. 왠지 여기서부터 심드렁해 말이 이어지지 않았다. 약속이나 한 듯 무기력하게 몸을 일으켰다.

노인들은 거리로 나와 뿔뿔이 흩어졌다. 최 씨 윤 씨 박 씨는 볼 일이 있다고 횡단보도를 건너가고 김 씨와 노식만 남았다.

"우리 어디 좀 가세나"

갑자기 김 씨가 노식을 잡아끌었다.

"어딜?"

노식이 궁금한 듯 물어보자 김 씨가 손짓으로 건너편에 앉아있는 여인들을 가리켰다. 알록달록 화려한 옷을 입은 오십대에서 육십 대 여인들이 화장을 짙게 하고 무리지어 있다. 오가는 노인들을 열심히 살피는 여인들 쪽으로 김씨가 가깝게 다가갔다.

"적적 할 땐 말벗이 그리워서. (사이) 때때로 지하철서 미친 여자 데려다 같이 살까 싶어지구."

"허긴 그렇겠네".

"임형은 집에 마누라 있으니 내 맘 모를꺼유."

"……."

"여잘 여자로 품는 게 아니라우. 그냥 살이 그리워서. 사람 냄새가."

"….."

"임형은 관심 없겠지 뭐. 여자들."

"….."

"그럼 어서 가보시게. 난 저쪽으로 건너 갈 테니"

김 씨는 서둘러 말을 마치고는 여인들 쪽으로 다가갔다. 노식은 잠시 서 있다 금방이 늘어서 있는 골목 안으로 들어갔다. 김 씨가 외로워하는 것을 보니 순녀 생각이 났다. 복은 아직 내 편 인 것 같다. 곁에 칠십 년 넘도록 동고동락한 배필이 있으니 말이다. 그동안 잘해주지 못 한 게 갑자기 걸려 금반지라도 껴주고 싶었다.

노식은 기세 좋게 금은방 문을 열고 들어갔다. 순녀가 흐뭇해 할 얼굴을 떠올리며 큰 소리로 "반지 하나 주시오" 했다■

아까시꽃 피는 섬

임철균

1.

교도소 길섶 잡목 숲 사이에 날카로운 가시 돋친 나무 한그루. 누군가 땅에 박아 놓은 쇠말뚝을 그대로 제 몸 속으로 안아 타고 애구부러진 채 서 있었다. 쇠말뚝을 타고 자라느라 몸뚱이 한쪽이 움푹 파였는데도 하늘을 향해 가지들을 암팡지게 뻗고 있었다. 유월 따가운 햇볕아래 하얀 포도송이같이 소담스런 꽃송이들을 가지마다 피워내 바람결에 달콤한 꽃향기를 흩날리고 있었다.

높은 담장 옆에 위치한 면회대기실이라 써진 낡은 건물로 민우가 들어섰다. 이런저런 차림에 사람들이 각자의 인연을 이야기하며, 떠 올리며 면회대기실을 서성이고 있었다. 면회대기실 안을 이리저리 살펴보던 민우가 사람들이 동그랗게 몰려서서 면회 신청서를 작성하고 있는 테이블로 다가섰다. 줄에 묶인 볼펜을 집어 들어 면회신청서를 적어 내려가던 민우가 누런 종이를 내려다보며 잠시 손을 멈추었다.

면회신청서 작성을 마친 민우가 사식이라고 써진 창살로 둘러쳐진 곳으로 갔다. 반입물품 목록과 돈을 지불하고 있는데 면회대기실 위쪽 낡은 스피커에서 민우가 적은 수인번호와 면회실 숫자를 알리는 방송이 나왔다. 면회대기실에서 나온 민우가 이중 삼중 굵은 쇠창살로 둘러쳐진 좁은 통로를 지나 일직선 숫자가 매겨진 면회실 복도에 섰다. 면회실 숫자를 확인한 민우가 두 어 사람이 겨우 설법한 좁은 면회실 안으로 들어섰다. 두꺼운 아크릴판으로 된 면회창 사이로 작은 구멍이 나 있고 너머에 아무도 있지 않았다. 한참을 서성이고 있노라니 아크릴창 너머 정면에 거친 페인트칠을 한 나무문이 열렸다. 교도관이 먼저 들어왔다. 그리고 문 입구에서 잠시 머뭇거리던 수현이 고개를 숙인 채 면회실을 들어섰다.

2.

섬이 가까워지고 있었다. 육중한 배의 이층 선실 앞쪽에 서 섬을 바라보았다. 담배 한 개비를 꺼내어 불을 붙였다. 깊게 빨아들여 내뱉는 담배 연기가 바닷바람에 흩어졌다. 늦은 오후, 붉은 해가 떨어지고 있어야할 시간인데 잿빛 구름에 받쳐진 하늘이 바다 쪽으로 무겁게 내려앉아있다. 눅눅한 습기 잔뜩 머금은 바다냄새 가득 배인 바람이 내 얼굴을 스쳤다. 배에 달린 스피커에서 목적지에 곧 도착한다는 안내방송이 흘러나왔다. 다가서는 섬을 전체적으로 훑어보며 친구가 말한 곳을 대충 확인했다. 손끝까지 타들어가는 담배를 마지막으로 깊게 빨아들이고 몸을 돌려 일층 선실로 향했다. 방파제 겸 선착장으로도 쓰이는 길게 뻗은 시멘트 구조물을 지나 두 섬을 연결하는 곳으로 배가 들어섰다.

"낚시꾼들이나 들어가는 섬이라 지금 이 시간에 들어가시면 어떻게 될지 몰라요."

표를 끊으며 다시 섬에서 나오는 배 시간을 물어보는 내게 매표원 아가씨가 퉁명스레 대답했다. 여기 날씨는 좋지만 섬 쪽 날씨가 안 좋아 비가 올지도 모르고 주말이 아니어서 배가 어찌될지 모른단다. 생각으론 충분히 들어갔다 나올 수 있는 거리와 시간이지만 예측할 수 없는 바다 때문에 타야할지 말아야할지 잠시 망설였다. 하지만, 잠시의 망설임 끝에, 섬에 들어가기로 결정을 내렸다.

해마다 이때쯤이면 피어 퍼지는 아카시아꽃향기에 마음 아렸다. 집안에 안 좋은 일이 있다는 소식을 마지막으로 어느 날 갑자기 사라져버린 그녀가 떠올랐기 때문이었다. 그녀와 성당과 학원을 함께 다니며 본격적으로 가까워진 5월 시험기간, 늦은 밤 집에 바래다주노라면 그녀의 집 마당에서 달콤하게 흘러나오던 아카시아꽃향기. 때로 그녀의 몸에서도 은은하게 맡아지던 바로 그 꽃향기에 대한 미완성에 추억이 얼마 전 고교동창 결혼식에서 나왔기 때문이었다. 그 후 계속 마음에 걸려 작정하고 오늘 하루 내디딘 발걸음 이었다. 만약 사실일지라도, 혹은 아닐지라도 해마다 이때쯤이면 떠올라 내 삶에 아쉬움과 물음표를 던지는 그녀에 대해 어떤 형태로든 확인하고 싶었다.

멀리서 볼 때는 길게 누운 큰 섬 하나와 바로 맞붙은 작은 섬이었다. 하지만 정작 섬에 발을 디디니 두 섬 사이가 물기 가득한 돌들로 연결되어있었다. 하루에 두 번 물길이 열린다더니 오늘은 내가 온 시간대에 물이 빠진 듯 했다. 선착장에 내리자마자 바로 배 갑판에서 확인한 집을 향해 발길을 옮겼다. 슈퍼라고 굵은 페인트 글씨 간판을 단 허름한 구멍가게 앞에 묶인 개 한 마리가 낯선 사람을 보아서인지 큰 소리로 짖기 시작했다. 마음과 달리 발길이 조금씩 느려졌다. 하지만 느리나마 발길은 여전히 그 집을 향하고 있었다. 오르막 진 골목을 한참 올라가니 대문 없이 블록으로 얕은 담장을 둘러 친 파란색 슬레이트지붕 얹은 집이 눈에 들어오기 시작했다. 집에 다가가 마당 안을 들여다보는 내 눈길이 가늘게 떨렸다. 동창 녀석이 전한대로 일자형 집에 나무들 둘러싸인 마당이 있고, 마당 한 편에 돌과 시멘트를 섞어 동그랗게 세운 도르래가 달린 우물이 있었다. 우물가 옆 긴 막대기로 받쳐진 줄에 빨래들이 널려있었다. 방 서 너 개가 달린 일자형 집에 방 불이 모두 꺼져있었다. 우물가 옆에 널려진 빨래들을 자세히 보았다. 치마 두어 개에 바지와 상의들 그리고 속옷들이 바닷바람에 흔들리고 있었다. 들어가야 될지 말아야 될지 머뭇거리는데, 등 뒤에서 인기척이 났다.

"민박하실 거예요?"

여자가 나를 지나쳐 마당으로 걸음을 멈추지 않은 채 걸어가며 말했다. 긴 생머리를 뒤로 질끈 동여매고 걸어가는 여자였다. 하늘거리는 얇은 치마를 입고 둥글게 파인 붉은색 티셔츠 위로 드러난 목덜미의 살색이 완연히 섬사람이었다. 나를 지나친 여자가 마당을 가로질러 우물 옆에 널어놓은 빨래가 있는 곳으로 걸음을 떼어놓으며 고개를 돌려 나를 쳐다보았다.

차.수.현. 민박할 거냐는 말을 건성으로 던지며 나를 쳐다보는 여자의 얼굴에서, 아직도 내 기억 속에 뚜렷한, 고2때 이사 때문에 교적을 옮겨 다니게 된 성당에서 알게 되어 고3때 학원도 함께 다니며 어울렸던 수현의 얼굴을 찾아내는데 그리 시간이 오래 걸리지 않았다. 내가 마당을 들어서며 다가서자 그제야 수현도 이상한 듯 고개를 갸우뚱하며 나를 쳐다보았다. 제법 살이 붙어 예전에 갸름했던 몸매와 인상이 한결 부드러워지긴 했지만 분명 내 기억 속에 차수현이었다.

"혹시, 수현… …씨 아닙니까?"

열아홉 나이에서 단숨에 십년 세월을 건너뛰어 만났기에 어색하지만 말을 올리며 조심스레 다가섰다. 그런 나를 바라보며 아주 잠깐 동안 고개를 옆으로 숙인 채 눈을 몇 번 깜박이던 수현이 순간 당혹스런 표정을 짓는가 싶더니 내게서 몸을 돌렸다. 빨래대 옆에 서 있던 수현이 줄에 널려있던 속옷 몇 개를 황급히 걷어 내 쪽을 보지도 않고 돌아서 방 쪽으로 갔다. 방 앞에 길게 놓여 방과 방을 연결하는 마루를 밟고 올라 방으로 들어간 그녀가 거친 소리를 내며 방문을 닫았다. 짧은 시간에 갑자기 일어난 일에 말을 건넨 내가 오히려 당황스러웠다. 마당에서 엉거주춤한 모양새로 십 여분을 넘게 서 있었다. 하지만 창호지 바른 방문 너머에선 전혀 그 어떤 반응도 없었다.

"제가 사람을 잘못 봤다면 죄송합니다."

마당에 멍하니 서 있던 내가 수현이 들어간 방문 쪽으로 조금 다가서 다시 말을 붙였지만 방안에선 여전히 묵묵부답이었다. 분명 차수현이 맞다. 아무런 인기척이 없는 방문 앞에서 또 한동안 머뭇거렸다. 어색한 침묵의 시간이 무겁게 흘렀다.

무슨 이유인지는 몰라도 수현이 나를 거부한다는 사실을 깨달아야 했다. 돌아설 수밖에 없었다. 갑자기 어디로 가야할지 길을 잃어버린 아이처럼 막막했다. 얼른 상황이 정리되지 않았다. 얼마 전 동창의 결혼식 뒤풀이에서 전혀 예상치 않게 수현의 소식을 전해 들었다. 만약 동창의 말이 사실이라면 조금 어색할 거라 예상했지만 굳이 이런 식의 재회 상황을 예상한 것은 아니었다.

"아는 사람을 찾아왔는데… …잘못 찾아온 것 같습니다. 죄송합니다."

완고하고 무겁게 닫힌 방문 앞에서 전혀 마음에도 없는 소리를 내뱉고 돌아설 수밖에 없었다.

선착장 주변 식당 중에 한 곳을 들어섰다. 식당을 들어서자 낚시꾼 복장의 사내들이 하던 이야기를 멈추고 나를 쳐다보았다. 바다 사정이 안 좋아 좀 전에 내가 타고 온 배가 마지막이었단다. 식당 주인여자에게 말을 걸어 수현에 관한 것을 물어보려했지만 생선 다듬는 여자의 손길이 바빠 그냥 식당을 나설 수밖에 없었다. 식당을 나와 잠시 멍하니 바다를 바라보다 방파제 끝으로 가서 앉았다.

바다 저편에 웅크리고 있던 어둠이 서서히 거세지는 바람을 타고 다가와 섬을 휘어 감기 시작했다. 선착장 근처 가로등들에 불이 들어오고 식당들과 마을 집들에도 하나 둘 불이 켜지기 시작했다. 방파제에서 올려다 보이는 수현의 집을 간혹 바라보노라니 어느 순간 마당에 불이 켜지는 것이 보였다. 그러더니 조금 후 마을 쪽 가로등 불빛 아래 누군가 나타났다. 내가 앉아있는 방파제 쪽으로 곧장 걸어오기 시작했다. 밤바다 바람에 치마가 나비날개처럼 너풀거렸다. 얇은 치마와 동여매지 않은 긴 머리카락이 얼굴을 가리며 한쪽으로 날리고 있었다. 내 쪽을 향하여 천천히 다가오는 수현의 모습을 보며 일어섰다. 한 걸음 한 걸음 허공을 걷듯 걸어와 바로 앞에 섰다. 내 얼굴을, 눈을 똑바로 바라보던 수현이 곤혹스러운 표정으로 무겁게 입을 떼었다.

"미안해. 하지만… …오지 말았어야했어."

한마디 한마디 고통스럽게 내 뱉은 수현이 돌아서 걸었다. 어찌해야 할 바를 몰라 엉거주춤 서 있는데 몇 발자국을 걸어가던 수현이 멈춰 나를 돌아보았다. 그런 수현을 바라보다 어정쩡한 걸음으로 따라가자 다시 돌아 선 수현이 앞만 보고 걸었다. 마치 무언가를 잘못하여 야단맞는 아이처럼 십여 미터 뒤에 떨어져 말없이 따라갔다. 선착장을 지나 마을을 들어서 집으로 향하는 도중에 수현은 한 번도 뒤를 돌아보지 않았다.

불이 켜진 마당에 들어선 수현이 자기가 들어갔던 방 바로 옆에 방문을 열고 들어가 백열전구를 켰다. 그러더니 안에 있던 이불과 베개를 꺼내고 다른 방에서 깨끗한 이불과 베개를 가져와 그 방에 놓았다. 말없이 오가는 수현을 바라보며 엉거주춤하니 마당에 서 있다 방안으로 들어섰다. 도배한지 얼마 되지 않은 듯 깨끗한 벽지였지만 너머가 흙벽인지 누릇한 짚냄새가 났다.

밥상을 들고 들어 선 그녀가 내 눈길을 외면한 채 말없이 상만 놓고 나갔다. 다리 달린 동그란 양은 소반에 밥과 바로 끓인 듯 미역국과 김치, 그리고 나물 몇 가지가 놓여있었다. 방을 나서던 수현이 모기장과 한지로 된 두개의 문 중 모기장 문만 닫고 나갔다. 방을 나간 수현이 마루를 지나 옆방으로 들어갔다. 문 닫는 소리가 났다. 여기를 오느라 하루 내 식욕이 없어 아무것도 먹지 못한 속에 따뜻한 미역국 냄새를 맡으니 갑자기 허기가 졌다. 수현이 다시 들어오나 했지만 옆방에선 아무 기척이 없었다. 수저를 들고 수북이 쌓인 밥 한 그릇과 미역국, 나물들을 비우기 시작했다. 거의 밥그릇을 비워갈 즈음 옆방에서 인기척이 들렸다. 내가 있는 쪽 방에 눈길도 주지 않은 채 수현이 집 밖으로 나갔다.

밥을 다 먹고 마당에 나가 담배 몇 개비를 피우는데도 돌아오지 않았다. 아무래도 정말 비가 오려는지 예사롭지 않은 바람이 불어댔다. 검은 구름에 받쳐진 밤하늘에 별이 전혀 보이지 않았다.

나간 지 한참 되었는데도 골목에 전혀 인기척이 없었다. 마당을 서성이다. 수현이 들어갔던 방 쪽으로 가보았다. 닫혀 있는 방문 앞에서 잠시 머뭇거리다 문고리를 잡아당겼다. 마당 불에 비쳐진 어두운 방안 한쪽에 얇은 이불 몇 개가 가지런히 개어져 있고 그 옆에 여닫이 서랍

장롱이 놓여 있었다. 벽에 걸려 있는 옷걸이에 아이 옷이나 남자 옷 같은 것은 보이지 않고 수현의 옷만 몇 개 걸려있었다. 마루에 손을 짚고 고개를 좀 더 넣어 방 전체를 둘러보니 시골집들 벽에 걸려 있음직한 가족사진 같은 것들이 보이지 않았다.

비가 오려는지 후덥지근한 날씨에 바람이 부는데도 까만 산숲모기들이 기승을 부렸다. 할 수없이 방에 들어가 모기향을 찾아 피우고 방불을 껐다. 마당 쪽에서 인기척이 났다. 그녀가 검은 비닐봉지에 무언가를 들고 마당으로 들어섰다. 그녀를 보고 나가려 몸을 일으키는데 내가 있는 방 쪽으로 전혀 눈길도 주지 않은 채 수현이 부엌 쪽으로 갔다. 다시 나와 마당을 가로질러 우물 쪽으로 가는 수현의 걸음이 약간 흔들렸다. 나가 보았자 나와 이야기를 나눌 분위기가 여전히 아닌 것 같았다.

할 수 없이 다시 자리에 앉아 마당 불빛에 비쳐지는 수현을 바라보아야만했다. 뒤로 묶은 긴 머리와 치마, 반팔 셔츠가 몸에 달라 붙어있었다. 날씨가 후덥지근하긴 해도 아직 계절이 이르러 밤물이 찰 터인데 온 몸이 젖은 것이 바다에 들어갔다 온 듯 했다. 우물 도르래 줄을 그녀가 무릎을 굽혀 잡아 당겼다. 검은 고무 함지박에 담겨 올라온 우물물이 마당불빛에 반짝이며 출렁였다. 밤 우물물이라 차가울 것인데 두 손으로 고무함지박을 움켜잡아 들어 올린 그녀가 머리에서부터 단숨에 내리쏟아 부었다. 흠뻑 젖은 얇은 치마가 몸에 바짝 달라붙어 몸굴곡을 그대로 드러냈다. 연거푸 내리퍼붓는 물소리가 마당을 가로질러 내가 있는 방안으로 밀려 들어왔다. 모기장문만 닫고 있어 내가 자기를 보리라는 걸 알 터인데도 전혀 신경 쓰지 않는 듯 했다. 그렇게 두레박줄을 당겨 연거푸 물을 퍼 붓던 수현이 마당을 가로 질러 내가 있는 방 옆으로 들어갔다. 벽 너머에서 부스럭거리는 소리가 들리는가 싶더니 잠시 후 삐걱거리는 소리를 내며 마루를 걸어 내방으로 걸어왔다.

"불 왜 꺼놨어?"

"으-응, 모기 때문에. 여기 모기가 보통이 아니네."

"훗, 도시 사람들한텐 그럴 거야. 여기 모기들이 좀 드세. 안 그래도 모기향 좀 피워주고 모기약도 뿌릴렸는데 벌써 했네."

방문 앞마루에 선 수현이 나를 내려다보며 처음 찾아왔을 때와는 전혀 딴사람처럼 행동하였다. 오래 만나온 친구처럼 대뜸 말을 놓았다. 갈아입은 반팔 셔츠에 치마를 입고 문 입구에 선 수현의 하체 굴곡이 마당 불빛에 그대로 드러났다. 방에 들어와 불을 켜고 모기향을 한 번 살핀 후 밥상을 집어 들었다. 다시 방을 나서는 수현에게서 가벼운 술 냄새가 풍겼다

밥을 차려주었던 상을 다시 들고 수현이 들어왔다. 소주 한 병과 유리잔 두 개, 플라스틱 음료수병에 물 한통, 하얀 사기접시에 마른 멸치 한 줌이 놓여있었다.

"술 할 줄 알지?"

상을 내려놓고 나와 마주앉은 수현이 한마디 툭 던지더니 잔을 끌어당겨 술을 따라 단숨에 들이켰다.

"벌써 한 잔 한 것 같은데."

"그래? 술 냄새 나니? 맞아, 나 한 잔 했어. 보다시피 나 민박도 하고 선착장 근처에서 낚시꾼들 상대로 식당도 하고 그래. 주말에나 손님 있지 평일엔 한가해. 그래서 오늘 일찍 가게 문 닫고 올라왔던 건데. 그런데 말이야. 넌, 생각하고 왔는지 모르지만 난, 전혀 상상도 못했어."

나의 기억 속에 수현과는 전혀 다른 분위기의 여자가 거침없는 어투

로 말하고 있었다.

"조금… …변했다. 처음엔 너 아닌 줄 알았어."

"그래? 하긴. 근데 넌 여전해 보여."

말을 마치자 술 한 잔을 또 따라 들이킨 수현이 내 얼굴을 똑바로 바라보았다. 나 역시 비로소 수현의 얼굴을 가까운 곳에서 정면으로 바라보았다. 눈에 확 띌 정도로 얼굴과 몸매가 예쁘진 않아도 사람들에게 항상 웃으며 스스럼없이 대하던 밝은 성품에 여고생이었다. 그런데 이제는 결코 가볍지 않은 삶의 무게가 느껴지는 여자가 되어있었다. 쌍꺼풀 없는 두 눈 아래 거뭇거뭇 배인 기미자국이 알게 모르게 그 동안 살아온 삶의 고단함을 드러내며 자리 잡고 있었다.

"비 오네. 하긴 비 좀 와야지 요즘 너무 더웠어. 그나저나 이민우, 훗, 정말 오랜만에 불러본다 니 이름. 그런데 너 도대체 어떻게 알고 왔어 여기."

마당에 나뭇가지들이 이리저리 심하게 흔들리더니 어느 순간 빗방울이 투두둑 소리를 내며 떨어지기 시작했다. 제약회사 기획실에 근무하는 고교동창을, 수현과 함께 학원에 다녔던 녀석의 이름을 말하니 수현 역시 아직 녀석의 별명과 특징을 기억하였다. 바로 그 녀석이 너의 소식을 전해주었다고 했다. 얼마 전 휴가 때 낚시동우회 회원들과 이 근처 민박집에 머물렀다고 했다. 그 민박집 급수시설이 고장 나 너의 집 우물을 몇 번 이용하였다고 했다. 그런데 집주인 여자가 수현이를 참 닮았다는 말을 나에게 전했다고 했다. 그래 마침 여유가 있어 바람도 쐴 겸, 또 혹시 하는 마음에 이렇게 오게 되었다는 나의 말을 들으며, 그랬구나 세상 참 좁네. 하며 약간은 긴장해있던 표정이 조금씩 풀어지는 수현이었다.

흙마당을 패며 본격적으로 내리는 빗줄기를 바라보며 내 이야기를 듣고 있던 수현이 갑자기 고개를 들어 내 눈을 똑바로 쳐다보았다.

"너 뭐 하고 살어? 장가는 갔어?"

"나? 으-응, 회사 홍보실에 있다 그만두고 임용고시 준비하면서 입시학원에서 국어 가르치고 그래. 장가는 뭐 아직..?"

정작 내가 알고 싶은 것은 도대체 네가 왜 여기에 이런 모습으로 사는지 그것이었다. 하지만 수현이 완곡하게 내 질문에 답을 흐리며 말꼬리를 자꾸 다른 데로 돌렸다.

술병이 비었다. 수현이 술 한 병 더 가져오겠다며 밖으로 나간 얼마 후 갑자기 집안에 불들이 나갔다. 수현이 랜턴을 들고 방안에 들어섰다. 퓨즈가 나갔다며 다시 나가더니 술 한 병과 초 한 자루를 가져왔다.

"낡은 집이라 비만 오면 여기 저기 누전이 되네."

"그래? 저기 골목 가로등은 살아있는데 너 네 집만 이러네. 두꺼비집이 어디야. 내가 퓨즈 갈아줄게."

"아냐, 그냥 내 버려둬. 저기 가로등하고 우리 집하고 선이 달라. 우리 집은 비만 오면 이래. 냅둬. 퓨즈 갈다보면 밤새야 되니까."

퓨즈를 갈아주려 일어서려니까 벽에 걸린 수건을 내려 젖은 발을 닦던 수현이 그만 두라며 말렸다. 가져 온 초에 불을 붙여 불길에 녹은 촛농을 밥상에 떨어뜨려 초를 세웠다.

본격적으로 거세어지는 빗줄기였다. 골목에서 담을 넘어 온 가로등 빛이 수현의 마당을 비추었다. 거세지는 바람에 섞인 비가 이리저리 방향을 바꾸며 방문 바로 앞까지 들이쳤다. 모기장 구멍을 비집고 방으로까지 밀고 들어오는 바람에 촛불이 흔들리며 수현의 표정도 따라 흔들렸다.

"옛날 너희 집에도 아카시아나무가 있더니 여기도 아카시아나무가 있네."

"아카시아?"

어색한 침묵을 깨기 위하여 술잔을 들어 입가에 댄 채 생각에 잠겨 있는 수현에게 말을 걸었다.

"응, 저기 마당가에 있는 나무들."

"바보, 너 명색이 그래도 국어선생이라면서 저걸 아카시아라고 하면 어떡하니. 저건 아카시아가 아니고 아까시나무라는 거야. 사람들이 자꾸 아카시아 아카시아 하는데 진짜 아카시아나무는 오스트리아가 원산지인 아열대 식물이고, 저건 북아메리카가 원산지인 아까시나무라는 거야. "

"아까시?"

"그래, 아까시. 쟤 원래 이름은 아까시나무야 그런데 책에서나 사람들이 자꾸 그렇게 부르다 보니 아예 아카시아가 돼버린 거지. 엄마가 아까시꽃 향기를 참 좋아해서. 아마 내 몸에서도 저 꽃향기가 났을 걸. 가끔 엄마 꺼 아까시향수를 내가 몰래 뿌리곤 했었거든."

"그랬구나. 그게 아까시나무였구나."

"맞어. 아까시꽃 향기 참 좋지. 근데 난 향기도 좋지만 쟤의 끈질긴 생명력이 더 마음에 들어. 어디서건, 아무리 척박한 땅이라도 어떻게든 뿌리를 내리고 묵묵히 살아가잖아. 그리고 때가 되면 달콤한 꿀도 주고 저렇게 예쁜 꽃도 피워내고, 그리고 끝내는 제 몸을 장작으로 내어주고. 그런데도 사람들은 아까시나무가 무덤을 해치네 어쩌네 하면서 베어내려고만 해."

"하긴, 아무리 베고 뿌리에 석유를 붓고 해도 저 나무는 잘 안 죽는다더라. 게다가 저게 꽃은 예뻐도 가시가 만만치 않잖아. 함부로 만지면 찔리기도 하고."

"맞아, 아무리 그래도 뿌리 하나만 살아남아 있으면 어떻게든 살아나 다시 온 산을 뒤덮어버리지. 그리고 원래 가시가 있는 꽃이 진짜 예쁜 꽃이라잖아."

두 무릎을 몸 쪽으로 끌어당겨 술잔을 입가에 댄 채 마당을 바라보며 말하는 수현의 목소리가 한결 밝아졌다. 하지만 흔들리는 촛불에 비친 수현의 얼굴 표정은 무척이나 쓸쓸하고 아리게 보였다.

"수현아, 그런데 어떻게 여기서."

술기운이 어느 정도 오른 그녀를 바라보는데 더 이상은 도저히 참을 수가 없었다. 그러자 나의 질문에 한 동안 말없이 고개를 숙이고 있던 수현이 입술을 깨물며 고개를 들었다.

누구보다 열심히 세상을 살았던 아버지의 거래처부도로 인한 연쇄부도, 그것을 막으려 정신없이 돌아다니다 제대로 유언 한마디 남기지 못한 과로사, 아버지나 수현의 성격과는 달리 소녀처럼 살아 온 어머니의 정신적 충격과 알콜의존, 한 순간 유리 집처럼 산산이 깨져버린 현실로 인하여 심한 우울증에 빠져버린 전교 상위권이었던 수현의 이야기가 통속드라마처럼 거센 비바람 속에 띄엄띄엄 흘러나왔다. 드라마는 말 그대로 드라마일 뿐인데 어떻게 내 주변에서 그런 일이 벌어졌었는지, 그리고 나는 왜 그런 것들을 하나도 몰랐는지. 수현의 이야기를 들으며 가슴이 답답해졌다. 하지만 그제야 어느 날부터 보이지 않는 수현을 찾아 내가 집에 갔을 때 집이 비어 있었고 또 얼마 후 다시 찾아 갔을 때 다른 사람이 살고 있었던 이유를 알 수 있었다. 엄마는 알콜의존을 치료하느라 용인근처 병원에 있고, 이 집은 부모님이 노후를 보내려고 사 놓았던 곳이라는 말에 어떻게 수현이 이 섬에 들어와 있는지도 알게 되었다. 오후에 나를 보는 순간 너무 당황스러웠던 데다 동시에 과거의 기억들이 떠올라 자기도 모르게 그랬다며 미안하다 했다. 또 고등학교 시절 교내 문학상이나 지역 백일장에 글을 써 가끔 입선 되곤 했던 내 옛날을 수현이 아직도 기억하고 있었다. 그래서 새해 신문 신춘문예란이나 문학상 수상집 같은 것 볼 때면 혹시 내 이름이 있나하고 살펴보곤 했다는 수현의 말에 가슴이 미어졌다.

"옛날에는 인간이 아름답게 보였는데 지금은 그렇지 않아. 옛날엔 천국이 확실하게 보였는데 지금은… …상상만 해… …나의 중요함을 느끼고 싶어. 내 무게를 느끼고, 현재를 느끼고 싶어. 부는 바람을 느끼며 지금이란 말을 하고 싶어… …악마는 존재하는지 악마인 사람이 있는 것인지, 지금의 나는 어떻게 나일까… …사람들 모두는 심장을 가지고 있고 그 심장의 모습은 사랑을 상징하는데, 왜 사람들은 서로 사랑하지 않을까. 왜 각자의 심장이 말하는 사랑의 소리를 외면할까. 왜 살아 있음 그 자체에서 행복을 느끼지 못할까… …."

베를린천사의 시, 정말 감동적으로 보았다며 수현이 언젠가 성당에 가져와 학생부실에서 불을 꺼놓고 둘이 가슴 두근거리며 보았던 영화였다. 그 베를린천사의 시에 나오는 한 대사를, 신부님이 가끔 하시곤 하던 강론에 한 구절을 10년 세월 후 쓸쓸한 모습으로 벽에 기댄 수현이 나지막한 소리로 읊조리고 있었다. 잿빛 우울한 비탄의 도시 베를린과 고독하고 고통에 젖은 사람들을 전쟁기념탑위에서 우울하게 내려다보던 천사 다미엘의 날개 소리가 들렸다. 사랑을 상징하는 심장을 가진 인간이기에 우리는 서로를 사랑할 수밖에 없는 것이라던 신부님의 옷자락 펄럭이는 소리가 들려왔다. 수현의 나지막한 읊조림과 마당을 둘러싼 아까시나무 가지들이 거센 비바람에 흔들리는 소리에, 과거와 현재가 몽롱하게 뒤섞이는 소리에, 온 몸을 팽팽하게 당기고 있던 긴장이 서서히 풀어지기 시작했다. 흙마당 여기저기에 작은 웅덩이를 만들며 빗줄기가 더더욱 거세지기 시작했다. 벽에 기댄 수현의 얼굴이 몹시 달아올랐다. 가로등 불빛에 우물가 아까시나무에서 하얀 나비들이 비바람을 피해 몸을 웅크린 채 포도송이모양 웅성웅성 몰려있다. 벽에 기댄 채 쓸쓸한 낯빛으로 밖을 바라보던 수현이 고개를 힘없이 가로저었다. 거친 빗줄기에 하얀 포도송이처럼 몽울져 웅크리고 있던 아까시꽃들이 바람에 흩날렸다.

"민우야, 너 노래도 잘했잖아. 나 노래하나 불러 줘. 니가 부르는 노래가 오랜만에 듣고 싶어."

수현이 구부린 무릎위에 턱을 괴운 채 힘없이 내려뜨렸던 고개를 들어 나를, 내 눈을 똑바로 쳐다보며 희미하게 미소 지었다. 이젠 아니라며 손사래를 치니 괜찮다며, 노래가 듣고 싶다며, 다시 한 번 부탁하였다. 술이라도 한 잔 하고 해야지 맨 정신에 못하겠다며 내가 술병을 집어 들려하자 수현이 먼저 집어 들어 한 잔을 따랐다.

바다를 건너와 온통 섬을 휩쓸며 비바람을 몰아치는 바람이 거칠게 촛불을 흔들었다. 빗소리에 섞여 흐르는 내 노래를 낮은 콧소리로 흥얼거리며 따라 부르던 수현의 몸이 조금씩 옆으로 기울었다.

방 한쪽에 있는 베개를 가져와 머리를 받쳐주고 얇은 이불을 덮어주었다. 수현을 따라 연거푸 들이킨 술에 옆에 누워 잠깐 잠이 들었는가 싶었는데 꿈결처럼 수현의 손이 내 얼굴을 어루만졌다. 수현이 숨소리가 가까이, 아주 가까이서 들려왔다. 가볍게 어깨를 떨며 흐느끼고 있었다. 생각보다 작고 여리고 부드러운 여자였다. 푸른 바다냄새와 섞인 하얀 아까시꽃 향기 속에, 여린 나비의 날개짓 소리가 방안에 가득 차올랐다.

눈을 떴다. 수현을 덮어 주었던 얇은 이불 속에 나 혼자 누워있었다. 닫힌 방문을 열어 밖을 보았다. 하늘이 맑게 개어있었다. 밤새 비바람에 시달리던 아까시나무가 언제 그랬냐는 듯 맑은 꽃향기를 온통 흩뿌리며 아침 하늘을 향해 하얀 꽃송이들을 눈부시게 흔들고 있었다. 기지개를 길게 편 후에 마당으로 나섰다. 수현이 부엌 쪽에서 무언가를 들고 나왔다. 어제 길게 내렸던 머리가 말아 올려 있었다.

"일어났네. 나 어제 좀 취했지?"

낡은 청바지를 가위로 싹둑 자른 듯 짧은 반바지를 입은 수현이 플라스틱 바가지에 무언가를 담아 들고 우물가로 갔다. 무어라 할 말이 없어 멋쩍게 웃어 답하며 수현의 곁으로 갔다.

"홍합이야. 오랜만에 술을 좀 많이 먹었더니 속 쓰려서 속풀이 하려고 좀 따 왔어."

작은 조개만한 크기에서 손바닥만큼이나 큰 홍합이 바가지에 담겨 있었다. 수현이 익숙한 솜씨로 홍합들끼리 단단히 붙들어 맨 질긴 실타래 같은 것들을 끊어 하나씩 내려놓았다. 굳게 입을 다문 채 끝까지 해초를 물고 있는 홍합들 속에 한 쪽이 깨진 홍합의 틈새로 싱싱한 분홍색 속살이 보였다. 홍합을 씻고 있는 옆에 앉아 있으니 수현의 온 몸에서 푸릇한 바다냄새가 전해져왔다.

"잘 가. 그리고 우리 만난 것, 잊어버렸음 좋겠어. 너를 보고 있으면 솔직히 난 맘이 편안치 않아. 이제 우리 너무 달라졌잖아……나 어쩌면, 이 섬을 떠날지도 몰라."

여유 있으니 며칠 머물렀다 갔으면 좋겠다는 내 말에 아침상을 함께 하던 수현이 싱긋 웃으며 고개를 가로저었다. 가벼운 미소의 거절이었지만 그 속엔 무거운 진지함이 배어있었다. 현재의 수현에게 나는 그저 고개를 끄덕이며 받아들일 수밖에 없었다.

"알았어. 네 말대로 할게. 내 핸드폰 번호야. 니가 연락하면, 그 때 다시 너를 찾아올게."

좁은 섬에서 사람들한테 말 나오는 게 싫다며 나가지 않겠다고 수현이 마당에 섰다. 내키지 않는 몸짓으로 발걸음을 돌리며 수현에게 전화번호를 주었다. 잠시 망설이던 수현이 번호가 적힌 쪽지를 받아서 치마 주머니에 아무렇게나 넣었다. 짐짓 가볍게 손을 흔드는 내게 수현이 고개를 끄덕이며 역시 가벼운 미소로 답했다. 무거운 발걸음을 돌려 걷다가 다시 돌아보았다. 시리도록 맑고 푸른 유월 하늘 아래 하얀 아까시꽃을 배경으로 수현이 묵묵히 서 있었다.

배에 오르자 바로 이층 선실로 올라가 배 앞쪽 갑판에 서 섬을 바라보았다. 물길이 열리면 두 섬이 헤어진다는 섬에 물길이 열려 있었다. 눈을 들어 수현의 집 쪽을 바라보았다. 섬이 멀어지고 있었다.

3.

"이민우씨?"

섬에서 수현과 만남이 있고 난 얼마 후, 고시학원을 가려 오전에 집을 나서 걸어가는데 누군가 뒤에서 내 이름을 불렀다. 미처 돌아보기도 전에, 건장한 체격의 두 사내가 순간적으로 다가와 동시에 내 바지의 허리 안쪽에 손을 넣었다.

"차수현씨 아시죠?"

얼떨결에 고개를 끄덕이는데, 다짜고짜 바로 옆에 서있던 차에 나를 구기듯 집어넣었다.

굵은 쇠창살이 쳐진 경찰서 강력계안에서 마주한 수현의 모습이 완전 엉망이었다. 헝클어진 머리카락에 손에는 수갑이 채워져 있고 몸에 포승줄이 묶여있었다. 수현의 지갑에서 나온 내 핸드폰 번호를 추적하여 수현과 공범관계인지 확인하는 대질신문이었다.

"이거 미안하게 됐습니다. 다른 게 아니고 살인미수 사건인지라. 하지만 차수현이 지갑에서, 그것도 지갑 안쪽에 중요한 것처럼 비닐로 싸 놓기까지 한 그쪽 핸드폰번호가 나와서. 어쨌거나 번거롭게 하긴 했지만 우리로선 반드시 확인해야 하는 절차라서."

경찰서에 도착하자마자 거친 반말로 내 인적사항과 날짜별 행적을 물어가며 범죄자처럼 다그치던 강력계 형사였다. 강압적으로 진술을 받으며 나의 행적을 확인하고, 마지막으로 수현과 대질심문이 끝나고 나서야 멋쩍게 표정을 누그러뜨린 형사가 어설픈 반존대를 붙이며 내게 담배를 권했다.

"그러면, 그 사람 현재 상태는요?"

"차수현이가 범행 직후 바로 112로 자수 안 했으면 진짜 죽을 뻔했죠. 지금 병원 조서팀한데 연락 들으니 칼날이 심장을 비껴나 생명에는 지장이 없다네요. 뭐 조서 꾸미다 보니 차수현이 범행 동기에 이해가 가기는 하지만."

"그럼, 그 사람하고 수현이하고 관계가 어떻게 되는 겁니까?"

"아버지 죽고 그 집 들락거리다 제정신이 아닌 차수현이 엄마하고 잠시 동거하듯이 하긴 했나본데, 남이지 뭐. 근데 그 사람 아무리 피해자지만 낫살이나 먹어가지고 인간도 아니더구만. 자기 친구 죽어서 그 집에 들락거린 것 까진 좋은데 보살펴준다는 명분으로 차수현이 엄마를 알콜중독에 심지어 마약까지 멕여가며 가지고 놀았더라고. 그리고 얼마 남지 않은 재산은 은행차압 피해야한다면서 죄다 지 앞으로 명의이전해서 빼 돌리고. 게다가, 뭐 지금은 차수현이 진술뿐이지만, 그 당시 우울증으로 학교를 그만 둔 미성년자였던 차수현이까지 건들고."

"그럼, 형사님 말대로라면 애초에 그 섬 집 수현이한테 준다고 했잖습니까?"

"개뿔 주긴 뭘 줘. 그 인간이 차수현이 가지고 논거지. 아 딱 보면 몰라요. 네 엄마 병원 입원 시켜 치료받게 해주겠다. 너는 섬 집에서 살게 해 주고 먹고 살 수 있게 선착장 쪽에 횟집도 차려줄 테니 내 세컨드 해라. 네 엄마 퇴원하면 그 때 섬 집 명의이전 해 주고 세컨드 계약도 풀어주겠다. 그러고 가끔 섬에 들어가 딸 같은 여자랑 즐기며 지금까지 온 거지. 그리고 차수현이가 젊은 여자인데도 그 인간이 섬 땅을 대부분 소유한 사람이라 그 섬에 남자들이 함부로 집적대지 못했던 거더라고."

"그런데 왜 도대체 왜 그런 상황이 벌어지게 된 거랍니까?"

"뭐 범행동기 진술을 보면 그렇더라고. 범행 당일에 뭣 때문인지 차수현이가 섬 집이고 뭐고 다 포기하고 섬을 떠나겠다고 하여 서로 다투는 과정에서 그렇게 됐다고."

"죽여버리겠다면서 그 사람이 먼저 칼 들었다고 수현이가 진술했다면서요. 그러면 정당방위 아닙니까?"

"그거야 병원에 누워있는 인간 진술하고 합쳐봐야 사실인지 아닌지 알지 뭐. 어쨌든, 그 인간이 섬에 올 때마다 차수현 핸드폰 검사하고 그래서 동창 번호를 따로 지갑에 보관한 거라는 진술은 사실로 확인됐습니다 이제."

"정상참작은요, 그러면 정상참작 여지는 없습니까?"

"글쎄, 지금 차수현이 진술로만 봤을 땐 그 인간이 워낙 악질이라 딸

키우는 판사 잘 만나면 가능하지. 범행직후 바로 자수했고, 범행 동기도 그렇고, 지금 차수현 진술 내용이나 태도 봐서는 범행에 대해 후회하고 반성도하는 것 같으니까."

4.

면회실에 들어선 교도관이 들어선 문 옆에 있는 책상에 앉아 까만 서류철을 열고 볼펜을 잡은 채 민우를 올려다보았다. 면회실에 머뭇거리며 고개 숙인 채 들어서는 수현의 짧은 머리가 가볍게 흔들렸다. 작은 구멍 뚫린 아크릴 창을 사이에 둔 채 잠시 어색하고 무거운 침묵이 오갔다.

"괜찮지? 어디 아픈 데는?"

민우가 먼저 착잡한 표정을 풀며 아무렇지 않다는 듯한 목소리로 말을 꺼냈다. 파란 수인복에 낯선 번호를 가슴에 달고 있는 수현이 민우의 말에 여전히 고개를 숙인 채 고개만 끄덕였다.

"수현아, 나 여기 들어 올 때 면회신청서에다 뭐라고 적었는지 알아?"

"… …"

"면회 신청서에 관계가 뭐냐고 적으라는 칸이 있더라 그래서… … 친구라고 했어."

애써 미소를 지으며 던지는 가벼운 말투의 민우에게 수현이 비로소 고개를 들며 희미하게 미소 지었다.

"아, 나 오늘 용인 병원 갔다 왔어."

민우의 입에서 나온 용인병원이라는 말에 수현이 놀라는 눈으로 민우를 쳐다보았다.

"건강 많이 좋으시던데."

"엄마? 우리 엄마?"

"응, 이제 사회적응 치료 중이시더구만. 니 걱정 많이 하시더라."

엄마 이야기가 나오자 수현의 눈가에서 주르륵 눈물이 흘렀다.

"어떻게 우리 엄마 있는 델 알았어. 나 여기 있다고 말했어?"

"니가 말해줬잖아. 용인 쪽 병원에 계시다고. 그래서 동창 중에 의사협회 근무하는 친구 도움 좀 받았어. 보호자가 차수현으로 되어있는 환자목록 수소문하니까 시간은 좀 걸렸지만 찾아지더라. 아. 그리고 엄마한테 무역회사 다닌다고 했다며, 그렇게 알고 계시더라고. 그래서 급하게 해외출장 가느라 들리지도 못하고 그래서 내가 대신 왔다고 했어. 고등학교 동창이라고 말하니까 학교랑 이름 기억하고 반가워하시던데."

"다른 말은?"

"미안하다고, 너한테 참 많이 미안하다고 그러시더라."

눈가를 잔뜩 붉힌 수현이 물기 가득한 눈가를 닦으며 억지로 울음을 참으려다 민우의 말에 결국 양 손을 들어 연거푸 눈가를 닦았다.

"고마워."

"나 참, 관계에 친구라고 적었다니까 그러네. 그리고 어릴 땐 어쩔 수 없었지만 이제는 아냐. 또 너 혼자 힘들게 하고 또 그렇게 어느 날 갑자기 널 사라지게 할 수 없어."

푸른 소매 자락으로 한참 눈가를 매만지던 수현이 어렵게 미소를 지으며 민우를 바라보았다.

"또 올 거야. 그리고 아까 면회실대기실에서 사람들 하는 이야기 들으니까, 이런데 있으면 햇빛을 못 봐서 머리가 많이 빠진데. 사탕을 많이 먹어야 한다네. 그래서 사식에다 사탕 많이 넣었어. 여기 잠시 있을 건데 머리털 빠지면 보기 흉하잖아. 그리고 변호사는 걱정 마. 우리 대학 선배가 니 이야기 듣고 나서주기로 했어."

한껏 대수롭지 않은 표정으로 웃음 짓던 민우가 갑자기 생각난 듯 허리를 숙였다. 들고 온 쇼핑백을 뒤적거리더니 작은 화분 하나를 꺼내어 수현의 눈앞에 들어 올렸다.

"이거 아카시아, 아 참, 아카시아가 아니고 아까시라고 했지. 얼마 전 섬에 다녀왔어. 네 물건들 중에 중요한 거 있으면 챙겨 놓으려고. 그런데 챙겨 올 게 딱히 없더라고. 그래서 너의 사진첩만 챙겨와 잘 보관하고 있어. 그리고 이 녀석, 우물가 제일 커다란 나무에서 뻗은 어린 녀석 하나 가져왔어. 얘들은 어디서나 뿌리내리고 잘 산다며. 당분간 내 방 햇빛 잘 드는 창가 쪽에 놓아둘게. 나오면 사진첩이랑 이거 다시 가져가. 너의 아까시나무니까. 잘 키워서 예쁜 꽃 봐야지."

"고마워…… 정말. 우리 가족의 흔적이 남아있는 섬에서 엄마 퇴원하면 모셔와 함께 살고 싶어 그런 거였어. 하지만 이제는… … 그 섬에 돌아갈 생각 버렸어. 그래. 어디 가서 사나 어차피 모두 다 섬이니까. 봐, 어찌 생각하면 지금도 난 섬에 있잖아. 나가더라도 결국 섬 밖에 섬으로 가는 것이고. 또 너와 나도 어쩌면 삶이라는 바다를 떠도는 저마다의 섬이고."

수현이 말한, 섬 밖에 섬으로 걸어가는 민우의 손에 들린 어린 아까시나무가 바람에 가볍게 흔들리고 있었다. ■

아주 이상한 가출기

정수남

1

집 나가면 개고생이라고, 웬만하면 집구석에 눌러앉아 있는 게 상책이라는 것을 몰랐던 것은 아니다. 더구나 나이 칠십이 넘었으면 모르는 척 눈 딱, 감고 넘어가야 한다는 것도 알고 있었다. 그런 까닭에 그동안은 꾹, 꾹, 누르며 참고 또 참았다. 맘엔 없어도 이따금 언죽번죽되지 않게 비위도 맞춰주었다. 그러나 아니었다. 그 꼴만큼은 그냥 두고 볼 수가 없었다. 사십 년 동안 가족을 먹여 살리기 위해 온몸을 사르며 수고한 나보다 어떻게 그 조그만 강아지를 더 소중히 여길 수 있단 말인가.

시간이 지났으나 ㅎ는 여직 모습을 드러내지 않았다.

강아지 짖는 소리가 들렸다. 벤치에 앉아 땀을 닦으며 ㅎ를 기다리던 나는 소리의 향방을 찾아 고개를 돌렸다. 건너편 벤치였다. 빨간 티셔츠를 입은 여자의 무릎에 앉아 있던 이루보다 작은, 까만 털 복숭이 강아지가 나를 발견하곤 짖어대고 있었다. 나와 눈이 마주치자 강아지는 이빨까지 드러내고 더 앙칼지게 짖어댔다. 여자가 목줄을 놓아주면 당장이라도 달려들 것처럼 몸통까지 곧추 세우고 버둥거렸다. 그 바람에 나무 그늘을 따라 지나던 행인들이 이상한 눈초리로 나를 힐끔거렸다.

땡볕에도 나무들은 제 자리를 지키고 있었다. 하나, 둘, 셋, 넷……. 무수히 펼쳐진 이파리들 위로 빛발이 모든 것을 태울 듯 쏟아져 내리고 있었다. 거리는 한산했다. 공원에서 건너다보이는 '청년 과일가게' 와 '생생 정육점' , 'SK 핸드폰' 도 문은 열려 있었으나 드나드는 손님이 거의 눈에 띠지 않았다. 모두 땡볕을 피해 어딘가로 숨어버린 것 같았다.

ㅎ는 휴대폰도 받지 않았다. 하긴, 어찌 할지 몰라 하는 나에게 한 수 가르쳐줄 친구인데, 조금 늦으면 어떤가. 한숨을 길게 토해낸 나는 그때까지도 나를 노려보며 짖고 있는 강아지에게서 슬그머니 눈길을 돌렸다.

왜, 그래? 정말 미친 거 아니야?

억울한 일이 아닐 수 없었다. 그까짓 강아지새끼가 뭐라고……. 세게 찬 것도 아니었다. 어디 찰 데가 있다고 힘껏 차겠는가. 그런데도 불구하고 나를 미친 사람으로 몰아붙이기 시작한 아내는 내 변명 따위는 귓등으로도 들으려 하지 않았다. 당장 죽을 것처럼 숨넘어가는 소리로 엄살을 부리는 이루를 안고 냅다 고래고래 소리부터 질러댔다. 사실 그런 악다구니는 하루에도 몇 번씩 귀가 따갑도록 듣곤 하여서 이젠 만성이 되어 있다고 해도 틀린 말은 아니었다. 그런데 이상한 것은 그날만큼은 나도 지지 않고 목소리를 높였다는 것이다. 내 존재가치가 이 정도밖에 되지 않는단 말인가. 나는 그냥 물러설 수가 없었다. 하지만 아무리 내가 큰 소리를 질러 봐도 나보다 더 기를 쓰며 강파르게 달려드는 아내를 당해낼 재주는 없었다. 나는 결국 전병접시를 그대로 놔둔 채 아내를 피해 도망치듯 내 방으로 건너오고 말았다.

문을 걸어 잠그고 방안에 들어앉아 혼자 씩씩거려봤자 아무 소용이 없다는 것은 누구보다도 내가 잘 알고 있었다. 그러나 도끼눈을 뜨고 있는 아내를 상대로 싸울 수 있는 방법이란 그나마 그것밖에 없었다. 그러다 문득 궁리해낸 것이 가출이었다. 그래, 떠나자. 나도 그것을 행동으로 옮기기는 두렵고 싫었다. 결국은 힘겨운 싸움이 될 게 틀림없었다. 또 그런다고 아내가 항복하거나 타협하자고 하지 않을 것도 잘 알고 있었다. 그러나 설혹 결과가 그렇더라도 추락할 대로 추락한 나 자신의 위상을 생각하면 더 이상은 앞뒤를 재고 가릴 처지가 못 되었다. 이 참에 아내 못지않게 나만 보면 이빨을 드러내고 가르랑거리는 조그만 그 녀석에게도 단단히 경종을 울려줘야 한다고 다짐했다.

나이 칠십에 가출이라니, 지나가는 소가 웃을 일은 분명했다. 그러나 나는 지체하지 않았다. 곧장 행동으로 옮겼다. 동창회에 참석하기 위해 아내가 잠시 집을 비운 사이 무작정 등산 배낭에 속옷 몇 개와 티셔츠 등을 쑤셔 넣고 아파트를 나왔다.

그렇다고 특별히 갈 곳을 정한 것도 아니었다. 그러나 현관문을 벗어나는 순간, 나는 나도 모르게 솟구치는 쾌감에 온몸을 떨었다. 자유란 바로 이런 것이구나. 단지를 벗어나면서 나는 잠시 하늘을 올려다보았다. 음음한 날씨였다. 마른장마가 열흘 넘게 계속되고 있는 하늘은 여전히 잔뜩 흐려 있었다. 그러나 걸음은 이상스럽게도 날아갈 것처럼 가벼웠다.

처음엔 되도록 멀리 가야 한다고 생각했다. 그러나 곧 낯선 곳에서의 시간이 왠지 불안하고 두려운 나는 마음을 고쳐먹었다. 결국은 지형지물에 익숙한 곳, 큰 거리 버스 정류장에서 두어 마장쯤 벗어난 곳에 자리 잡고 있는 백조대중사우나의 지하찜질방을 택했다. 그동안 아내 몰래 여축한 비상금이 좀 있긴 했지만 그것으로 몇 날을 버틸지 알 수 없는 까닭에 경비는 아무튼 아껴야 할 처지였다.

눈두덩이 유난히 튀어나온 찜질방 카운터 여자는 내가 지방에서 올라온 사람으로 착각한 모양이었다. 배낭을 맡기자 며칠이나 있을 거냐고 퉁명스레 물었다. 나는 어눌하게 하루, 하고는 정말 그 안에 모든 게 다 끝났으면, 하고 바랐다.

그게 벌써 사흘이 넘어가고 있었다.

ㅎ가 모습을 드러낸 것은 그러니까 내가 적의에 찬 그 까만 복슬강아지의 홀대를 받은 뒤로도 한참이 지난 다음이었다. 거북이처럼 목을 길게 뽑은 채 느릿느릿 나타난 ㅎ는 달포 만에 만났으나 반가워하는 기색이 아니었다. 오히려 더운 날 왜 귀찮게 하느냐는, 짜증 섞인 얼굴이었다.

더위 먹었냐? 왜, 집에서 나와?

그는 자초지종을 다 듣기도 전에 불퉁스럽게 쏘아붙였다. 통화했을 때와 조금도 다르지 않았다. 그렇다면 혹시 ㅎ는 십여 년 전 자신이 가출했던 기억을 까맣게 잊고 있는 것은 아닐까. 나는 마치 혹을 떼려다가 혹을 하나 더 붙였다는 혹부리영감처럼 당혹스러웠다. 그 까만 복슬강아지야 주인여자가 데리고 가는 바람에 긴장을 풀 수 있었지만, ㅎ는 아니었다. 무엇 때문인지는 몰라도 그와 마주 앉아 있다는 게 마치 완강한 벽을 대면하고 있는 것 같은 느낌이었다.

여북했으면 내가 이랬겠냐.

변명을 늘어놓았지만 그는 여전히 곁을 주지 않았다. 그렇다면 그때 대학 동기들이 영웅처럼 여겼던 그 사건을 그는 후회하고 있는 것일까. 사실 그가 가출을 감행했다는 소식이 들렸을 때 동기들은 모두 자신의 일처럼 환호성을 질렀다. 그러나 정작 젠 체 하며 시댁을 깔보고, 낭비벽이 심했다는 그의 아내를 입방아에 올리는 사람은 한 명도 없었다. 안됐기는 하지만, 그건 자신과 무관하다는 태도였다. 다만 동기들은 그동안 눌러 지내던 자신들을 M이 대신했다고 통쾌해 했으며, 할 수 있다면 그의 가출이 영영 중단되지 않기를 바라는 얼굴들이었다. 하지만 그의 가출 사건은 동기들의 희망대로 되지 않았다. 그는 십여 일만에 백기를 들고 투항하고 말았다. 결정적 패인은 그의 아내가 제시한 이혼카드였다. 그가 귀가하였다는 소식을 들은 동기들의 얼굴엔 모두 실망의 빛이 역력하였다. 미친 놈, 그럴 거면 애당초 나오질 말았어야지. 왜 나와서 우리 마음을 흔들어놔. 술집에 모이면 동기들의 화제는 밤이 늦도록 온통 그의 이야기뿐이었다.

다섯 시가 다 되어가고 있었으나 해는 아직도 중천이었다. 나는 그를 외면한 채 다시 하늘을 올려다보았다. 구름 한 점 없는 하늘은 오늘도 빗줄기를 뿌릴 것 같지 않았다.

내가 대꾸를 미루자 ㅎ가 자리를 털고 일어났다. 한뎃잠 자면서 몸 버리지 않으려면 뱃속부터 든든히 채워야 한다며 가까운 식당에 들어가 밥이나 한술 뜨자는 것이었다. 그렇다고 그의 입이 닫힌 것은 아니었다.

사람이 나잇값을 해야지. 아직 멀었다, 너는…….

그는 우리가 늘 가던 G백화점 옆 골목의 '이모 순댓국' 집으로 자리를 옮기기 위해 큰 거리 횡단보도를 건너가면서도 계속 씨우적거렸다.

계절 탓인지 식당은 한산했다. 손님이 앉아 있는 테이블이란 왼쪽 구석진 자리 하나밖에 없었다. 두리번거리던 ㅎ는 내 의사는 묻지도 않은 채 오른쪽 중간 테이블에 먼저 엉덩이를 붙였다. 실내는 시원한 에어컨 바람 덕분에 마치 다른 세상에 온 것 같았다.

모둠순대 한 접시와 빨간 마개 소주 한 병을 시키고 난 뒤 내가 얼굴을 좀 펴라고 일렀으나 ㅎ는 여전히 불만이 가득한 얼굴이었다. 주문한 음식과 소주가 나왔으나 입맛이 없다는 핑계로 젓가락도 들지 않았다. 결국 내가 먼저 접시 위의 순대를 새우젓에 찍어 입에 넣었다. 순간, 비리척지근한 냄새가 입 안 가득 퍼졌다.

그때 너도 그랬잖아?

내가 그의 잔에 소주를 채워주자 그때에야 비로소 그도 마지못한 듯 젓가락을 들었다.

누군 뭐 좋아서 머리 숙이고 사는 줄 아냐? 다 좋은 게 좋다고, 내가 그래야 가정이 편안해지니까 그런 거야. 그래도 난 마누라하고나 싸웠지, 넌 뭐냐? 그 쪼그만 강아지가 상대잖아. 그러니까 내 말 들어. 두말 말고, 오늘 술 한 잔 걸치고는 취한 척, 집에 들어가. 내가 해줄 수 있는 말은 그게 전부야.

정말 그럴까. 그러나 나는 그가 내미는 소주잔을 받으면서도 결코 그 말에는 동의할 수가 없었다. 그처럼 백기를 들고 그냥 들어갈 수는 없었다. 내가 누군데……. 나는 편육 한 점을 소금에 푹, 찍었다.

어린아이도 아니고, 이게 뭔 짓거리냐?

술잔을 거푸 두 번 비우고도 그는 핀잔을 멈추지 않았다.

그래도 이건 사는 게 아니잖아?

나는 숨이 찼다. 그를 똑바로 쳐다보았다. 목구멍을 타고 넘어가는 소주 맛이 그날따라 소태처럼 쓰게 느껴졌다. 그래서 그럴까. 순대에서도 이상스럽게 돼지냄새가 더 역하게 나는 것 같았다.

내가 얼마나 참았는지 알아?

나는 지난 4년 동안 참아왔다는 것을 거듭 강조했다. 강아지로부터 출발한 것은 분명하지만 지금은 그 초점이 강아지뿐만 아니라 아내로까지 확대되었다는 것을 덧붙였다. 그러나 그는 반응이 없었다.

소주 몇 잔이 들어가자 마침내 나는 용기를 내었다.

그러니까 이 문제를 해결할 수 있는 방법 좀 풀어놔봐. 어쨌든 넌, 우리 동기 중에 유일한 경험자잖아.

…….

내가 어렵게 운을 떼자 그는 당장 무슨 일이 일어날 것처럼 눈을 크게 뜨고 방법은 무슨, 누구 쫓겨나는 꼴 보고 싶으냐고 손사래를 쳤다.

죽은 듯이 살아. 굳이 말하라면 그게 방법이야.

이런 푸대접을 받으면서도?

내 꼴 되고 싶어? 그게 싫으면 한 시간이라도 빨리 들어가. 그게 상책이야.

술잔을 비우고 순대 한 점을 소금에 찍어 입에 털어 넣던 그가 갑자기 무엇이 떠올랐는지 푸푸, 풍선 터지는 소리를 내며 웃기 시작했다. 나는 그가 왜 갑자기 웃는지 궁금했다.

너, '바보처럼 살았네요' 란 유행가 알지? '난 참 바보처럼 살았네요' 하는 거. 우리가 꼭 그렇게 살아가고 있는 것 같지 않니?

그러니까 어떡해든 그걸 깨트려야지.

나는 어금니를 깨물었다. 울화가 치밀었다. 괜히 그를 불렀다는 생각이 들었다.

내가 소주를 더 시키려고 하자 그가 머리를 흔들었다. 늙은이가 여름철에 벌건 얼굴을 하고 비틀거리면서 돌아다니는 꼴은 보기 안 좋다는 것이었다. 나는 차츰 그의 거북목이 아래로 향하기 시작하자 그가 곧 자리를 털고 일어날 때가 되었다는 것을 직감했다.

야, 자존심 따위가 밥 먹여 주냐?

그는 꼭 그렇다면 ㅊ나 ㅇ를 만나보라고 권했다. 그들이라면 혹시 마땅한 방법을 가르쳐 줄지도 모르겠다는 것이었다. 그러면서도 그는 여전히 혀 말린 소리로 들어가라는 말을 여러 번 반복했다. 거북목을 꺼떡거리는 그의 몸짓에서 옛날의 기백을 찾아볼 수 없었던 나는 나이가 들면서 그도 많이 변했다는 것을 비로소 실감했다. 그렇다면 더 이상 구접스럽게 그에게 매달리고 싶지 않았다. 그렇다고 원망할 생각도 없었다. 그가 나간 뒤 혼자 소주 몇 잔을 더 마시던 나는 동그랗게 썰어놓은 시커먼 순대 하나를 물었다. 그러자 이미 식어서 마분지처럼 뻣뻣해진 순대가 입안에서 비릿한 냄새를 풍겼다.

싸움의 발단은 아주 작은 것에서 시작되었다. 정년퇴직한 뒤 특별히 할 일이 없었던 나는 한낮을 대개 티브이 리모컨이나 돌리며 시간을 보내곤 하였다. 그날도 마찬가지였다. 소파에 걸터앉아 어젯밤 아내가 좋아하는 연속극 때문에 못 봤던 야구경기 재방을 보면서 딸이 사다놓은 땅콩 전병을 씹으며 커피를 홀짝거리고 있었다. 그때였다. 분개없이 이루가 냉큼 소파로 뛰어올라 내 무릎을 발톱으로 긁어댔다. 캬악, 캬, 캬악……. 전병을 달라는 신호였다. 뇌꼴스러운 녀석은 늘 그런 식으로 내가 혼자 뭘 먹고 있는 걸 그냥 넘기는 법이 없었다. 순간, 나는 나도 모르게 화가 치밀었다. 아니, 이놈이 나를 어찌 보고……. 소파에 뛰어올라와 주둥이를 내밀고 캬캬거리는 녀석의 머리통을 발로 밀어 떨어트렸다. 아내는 그 자리에 없었다. 그러나 녀석도 가만히 물러나지는 않았다. 소파에서 떨어진 녀석은 당장 숨넘어갈 것처럼 울어댔다. 깽, 깨갱, 깨갱, 깨개갱, 깽……. 그 소리가 아내의 귀에 들어가지 않을 리 없었다. 일 년만의 동창 모임이라고 아침부터 부산을 떨던 아내가 안방에서 탁구공처럼 빠르게 튀어나왔다. 미쳤어, 미쳤어. 정말 미쳤어. 아내는 나를 향해 다짜고짜 꽥, 소리부터 질렀다. 아내의 목소리가 커지자 나는 그만 목을 움츠린 채 티브이 화면에서 돌아앉고 말았다. 아차, 싶었다. 녀석의 엄살을 간파하지 못한 게 과실이었다. 그러나 아내의 잔소리는 거기에서 멈추지 않았다. 이루가 아직도 강아지로 보여? 식구인 줄 몰라? 다른 집 좀 봐. 대꾸할 말을 찾지 못한 나는 잠시 입을 굳게 다문 채 전전긍긍하고 있었다. 딴은 틀린 말도 아니었다. 공원에 나가보면 너나없이 강아지 한 마리씩은 죄다 끌고 다녔다. 한 마리가 아니라 세 마리까지, 종자도 다양하게, 끌고 다니는 여자들도 있었다.

아내의 커진 목소리는 좀체 가라앉지 않았다.

버르장머리 없는 놈을 그렇게 애지중지하면 뭐하냐고?

내가 몇 마디 볼멘소리를 내뱉었으나 아내는 귓등으로도 듣지 않았다. 오히려 목소리가 더 커졌다.

그까짓 전병 쪼가리가 그렇게 아까워? 하루 종일 집구석에 처박혀 있으면서 맨 날 주전부리는……. 그러니까 맹꽁이처럼 툭, 튀어나온 배가 들어가지 않지.

결국 치솟은 분을 가라앉히지 못한 아내는 티브이 전원을 끄고 말았다. 그것으로 야구경기 재방은 종료되었다. 원 아웃에 주자는 만루. 삼성이 한화에 역전시킬 수 있는 절대적 찬스였지만 더 이상은 볼 수 없었다.

'이모 순댓국' 집을 나온 나는 큰 거리로 나섰다. 그러나 특별히 갈 곳을 정하지 못한 나는 한참동안 정류장 앞에서 서성거릴 수밖에 없었다.

사실 세상은 넓은 듯해도 노인들이 갈 곳이란 그렇게 많지 않았다. 사흘 동안 내가 가장 절감한 것은 그것이었다. 공원에 배낭을 내려놓고 앉아 있으면 행인들이 노숙자로 여기는 것 같아 거북살스러웠고, 그렇다고 무더위 속을 무작정 배회할 수도 없는 노릇이었으며, 더구나 노인 혼자 극장이나 사우나에서 시간을 보낸다는 것도 우스운 일이었다. 가출 이튿날에는 3호선 전철을 타고 종점인 대화에서 종점인 오금까지, 또 오금에서 대화까지 꼬박 네 시간 반을 꾸벅꾸벅 졸면서 왕복도 해보았지만 그것도 못할 짓은 마찬가지였다. 에어컨 바람이 시원해서 좋기는 하였으나 컴컴한 속을 꼼짝없이 갇힌 채 한 자리에 붙박여 가야 한다는 것은 보통 체력 가지고는 어림도 없는 일이었다. 거기다가 끊임없이 이어지는 소음과 먼지, 사람들이 풍기는 냄새 등도 숨이 막혔다.

ㅊ는 통화가 되지 않았다. 십여 차례 신호음이 이어졌으나 그뿐이었다. 결국 나는 문자를 보내는 것으로 대신했다. 늦어도 괜찮으니까 전화 부탁해. 사실 그는 나와 그렇게 가까운 편은 아니었다. 대학 졸업 후 신학대학에 편입한 그가 목사 안수를 받았을 때 잠시 만났을 뿐이었다. 그 뒤 동대문 밖 어디에서 교회를 개척했다는 소식은 들었지만 찾아가 본 적은 없었다.

다행히 ㅇ는 통화가 되었으나 지금은 몹시 바쁜 시간이라고 했다. 하긴, 그 식당은 저녁시간이 대목 아닌가. 나는 아차 싶었다. 조금 한가해지면 연락하겠다는 그의 말에 오히려 미안하다고 대꾸하고는 전화를 끊었다.

여름 해는 길었다. 일곱 시가 넘어가고 있었으나 사위는 아직도 훤했다. 문득 정류장에서 멀지 않은 곳에 '사과 모텔' 이라고 쓰인 돌출 간판이 눈에 들어왔다. 사과, 나는 그 낱말이 지닌 중의성을 혼자 곰곰이 따져보다가 슬그머니 웃고 말았다. 먹음직도 하고 보임직도 한 빨간 과일이 먼저 떠올랐지만 한편으로는 누군가에게 잘못을 인정하고 머리를 조아리는 의미도 있기 때문이었다.

하루라고 했지만 찜질방은 하루도 머물 곳이 못되었다. 엄습했던 더위를 사우나탕에서 대충 씻고 올라간 나는 내 생각이 짧았다는 것을 금방 알 수 있었다. 그곳은 벽돌색 옷을 입은 여자들의 천지였다. 황토방도, 소금방도, 비취방도 그들이 모두 점령하고 있었다. 청색 옷을 입은 남자들이란 간혹 눈에 띌 뿐이었다. 결국 끼리끼리 모여 앉아 수다를 떨고 있는 여자들의 시선을 피해 나는 출입문 쪽으로 밀려날 수밖에 없었다. 휴대폰을 열어 보았으나 아내에게서 온 문자는 없었다. 아내뿐만이 아니었다. 아들이나 딸도 마찬가지였다. 지금쯤이면 내가 가출했다는 소식을 분명히 들었을 터인데 모두가 대수롭지 않게 여기는 것 같았다. 괘씸했다. 하지만 그렇다고 내가 먼저 연락을 취할 수는 없었다. 휴대폰을 접으며 나는 어금니를 짓씹었다.

구석에 모잽이로 누운 채 설핏 잠이 들었던 나는 딸의 전화를 받고 일어나 앉았다. 그러나 딸은 내 기대와는 달리 어디 있느냐고도, 언제 들어올 거냐고도 묻지 않았다. 지나가는 말투로 식사는 했느냐고 물었다. 나는 비로소 두 끼를 굶었다는 것을 깨달았다. 미쳤군, 미쳤어. 딸은 아내와 똑같은 말을 반복했다.

따지고 보면 이번 일에는 딸도 책임이 없다고는 할 수 없었다. 4년 전 딸이 시댁에서 강아지를 데려오지 않았다면 애당초 이런 일은 벌어지지 않았을 것 아닌가. 물론 그런다고 내 존재가 아내와 동등해졌을 리는 만무하지만 그래도 그냥저냥 넘기며 구순하게 지냈을 수는 있었을 것 아닌가. 그런데도 양심의 가책은커녕 그런 소리나 서슴없이 뱉어내다니……. 나는 부아가 치밀었다. 그렇지만 내색을 하지 않고 딸의 다음 말을 기다렸다. 혹시라도 아내가 전한 말이 나오지 않을까. 하지만 딸은 일언반구도 꺼내지 않았다. 내년이면 입시생이 되는 자신의 아들에 대한 걱정과 남편 이야기만 장황하게 쏟아내다가 어서 밥이나 챙겨 먹으라고 한 마디 툭, 던지고는 일방적으로 전화를 끊었다. 나는 어이가 없었다. 딸에게조차 내 존재가 하찮게 취급당하는 것 같아 불쾌하기 짝이 없었다. 내가 어떻게 자기를 키웠고, 공부시켰고, 결혼시켰는데……. 갑자기 서운함이 가슴 가득 차올라왔다.

또 하나, 서운한 것은 아들이었다. 아내는 몰라도 딸로부터는 이미 연락을 받았을 터인데도 여태까지 전화 한 통 없다는 것은 그만큼 무관심하다는 것으로, 그 또한 내 존재를 무시하는 것이라고 아니 할 수 없었다. 지방에 거주하고, 회사 일이 바쁘다는 것은 핑계에 불과했다. 설혹 그렇더라도 전화 한 통 할 시간이 없겠는가. 따지고 보면 이것만큼 중차대한 일이 어디 또 있겠는가. 아버지가 가출을 했다는데!

저녁이 되자 시장판처럼 북새를 떨던 찜질방이 갑자기 썰렁해졌다. 수다를 늘어놓던 여자들이 하나둘 밀려나간 까닭이었다. 청소 아주머니가 대걸레를 들고 바닥을 쓸어내는 것을 보면서 나는 탈의실로 내려왔다. 이대로는 아니 되겠다고 생각했다. 찜질방은 잘못된 선택이었다. 아무튼 가출 첫날이 아닌가. 첫 단추부터 잘 꿰어야 목적을 이루고 금의환향할 수 있지 않겠는가.

바깥으로 나온 나는 ㄱ를 불러내기로 작정하고 휴대폰을 꺼내들었다. 먼저 그를 만나 저녁식사 겸 술이라도 한 잔 곁들이면서 조언을 듣고 싶었다. 다행히 ㄱ은 떨떠름해하면서도 마다하지 않았다.

정류장 앞 큰 거리의 '아재바지락칼국수' 집에서 만난 ㄱ은 배낭을 멘 채 땀을 흘리며 들어서는 나를 보고 이 여름에 웬 등산이냐고 눈을 동그랗게 떴다. 그러나 곧이어 내 이야기를 듣고 난 뒤에는 어린 아이처럼 해해거렸다.

그러니까 강아지가 너를 쫓아낸 거네?

나는 그가 크게 소리를 내며 웃을 때마다 주위를 살피지 않을 수 없었다. 혹시라도 다른 테이블에 앉아 있는 손님들이 그 소리를 들을까 걱정이 되었다. 그러나 그는 개의치 않는다는 투였다. 가뜩이나 검버섯이 넓게 퍼져 있는 그의 자그마한 얼굴이 입을 크게 벌리고 웃을 때마다 더 짜글짜글해졌다.

안경을 고쳐 쓰고 내가 따지듯 물었다.

너도 그게 내 잘못이라고 생각해?

그럼 누구 잘못이냐, 그게.

그는 별 걸 다 묻는다는 투였다.

야, 인마. 상대가 강아지야. 말이 돼?

그는 강아지는 그런 때일수록 더 보듬어줘야 한다고 했다. 그의 말에 의하면 아무리 하찮은 동물이라도 자신을 사랑하는 사람과 사랑하지 않는 사람은 본능적으로 구별할 줄 안다는 것이었다. 특히 영리한 개일수록 더욱 그러하다고 했다. 나는 성깃한 머리카락 사이로 정수리를 드러낸 채 바지락을 까먹으면서도 여전히 웃음을 멈추지 않고 있는 그에게서 구체적 방법을 얻어내기란 어렵겠다는 것을 깨달았다. 볼일이 있다면서 그는 내가 술을 권해도 받지 않았다.

너도 강아지 기르잖아?

그랬지. 일 년 전까지는.

그럼, 지금은 아니야?

죽었어. 그 다음부터는 기르지 않아. 상처받기 싫어서.

그는 더 이상 웃지 않았다. 면발을 흡입할 때마다 유난히 크게 소리를 내는 그를 바라보면서 나는 상처받기 싫었다는, 그의 말이 무슨 뜻일까 궁금했다.

가출은 자유가 아니야. 도피야.

소리를 내어가며 국물까지 마신 그가 이번엔 요즘 흔히 행해지는 '졸혼' 에 대해 이야기를 꺼냈다. 그럴 바엔 부부가 합의하여 따로 사는 것도 괜찮지 않겠느냐는 것이었다. 그러다 다시 좋아지면 합치면 되는 거고……. 하지만 나는 머리를 가로저었다. 아내가 그 말을 들어줄 리도 만무하지만 혹시 들어준다고 해도 언감생심 재산 분할은커녕 맨몸으로 쫓겨날 게 뻔했기 때문이다. 돈 한 푼 없는 늙은이가 쫓겨나면 어딜 가겠는가.

내가 한숨을 뱉어내자 그가 같이 한숨을 토해냈다.

세상이 왜 이렇게 되었을까?

그건 나도 모르지.

언제부터 이렇게 변했지?

…….

모두가 다 나 같을까?

전부라고는 할 수 없겠지. 그러나 많다는 건 분명해.

우리는 다시 마주 보고 한숨을 내쉬었다.

잠시 뒤 자판기에서 커피를 뽑아 마신 ㄱ가 시계를 보고는 먼저 일어섰다. 나는 그를 더 이상 붙잡지 않았다. 그가 나가고 난 뒤에도 한참동안 자리를 지키고 있던 나는 손님 한 무리가 들어서는 것을 보자 빈 의자에 덩그러니 놓여 있던 배낭을 다시 둘러메었다. 어느새 거리는 어둠이 깔려 있었다. 어디로 갈까. 걸음을 멈춘 나는 네온 불빛이 화려하게 수놓고 있는 거리에서 잠시 망설였다. 하루밖에 지나지 않았는데 갑자기 갈 곳을 잃은 나는 마치 거리에 내던져진 이방인이 된 기분이었다. 낯설지 않던 거리조차 갑자기 낯설게 느껴졌다. 그날따라 무겁게 느껴지는 배낭 뒤로는 꺼지지 않은 열대야의 뜨거운 바람이 줄기차게 쫓아왔다.

강아지에게 이루라는 이름을 지어준 사람은 아내였다. 나는 그 이름조차 마뜩치 않았다. 딸이 처음 그놈을 안고 들어왔을 때 나는 무슨 일인가, 했다. 그러나 곧 두 사람의 대화를 통해 벌써 아내와는 교감이 있었다는 것을 알게 되었다.

이 녀석이야?

그래, 예쁘지?

그러네. 몇 살이라고?

두 살.

이름은?

시댁에서는 뽀미라고 불렀는데…….

딸이 대꾸하자 아내가 얼굴을 찡그렸다.

수놈인데 뽀미가 뭐냐, 유치하게.

아내는 이미 이름까지 준비한 듯했다.

오늘부터는 이루야, 이루!

두 사람은 그 뒤에도 한참동안 서로 강아지를 안고 어르면서 이야기를 나누었다. 내가 곁에 앉아 있었으나 두 사람은 나를 거들떠보지도 않았다. 헛기침을 몇 번 터트렸으나 마찬가지였다. 결국 나는 일어나 쫓기듯 내 방으로 건너오고 말았다. 나만의 유일한 해방공간인 그곳은

늘 나에게는 피난처인 셈이었다. 사실, 내 방은 나에게 다급할 때 나를 꽁꽁 숨길 수 있는, 일테면 벙커 같은 곳이었다.

2킬로그램이나 될까. 조그맣지만 이루는 그러나 첫 날부터 만만치 않았다. 반짝반짝 빛나는 눈과 코 외에는 온몸이 하얀 털에 덮여 있어 뛰어다닐 때에는 마치 하얀 털실뭉치가 굴러다니는 것 같은 착각을 일으키게 하는 녀석은 낯설 터인데도 전혀 그런 기색을 보이지 않았다. 마치 오래 전부터 살아온 터전인 것 마냥 우쭐대며 거침없이 돌아다녔다. 코를 박고 냄새를 맡으며 구석구석 돌아다니다가 나를 힐끔 쳐다보는 눈빛도 당당하고 당돌한 게 예사롭지 않았다. 포메라니안. 그러니까 녀석은 첫 날부터 나에게 좋은 인상을 주지 못했다. 더구나 며칠 뒤부터는 집안의 서열을 인지했다는 듯 부르지 않아도 아내의 무릎 위로는 냉큼 뛰어오르면서 어쩌다 내가 부르면 닭 소 보듯 했다. 그뿐만이 아니었다. 내가 먹는 것이면 자기도 반드시 먹어야 한다는 투로 캭캭거리며 덤벼들었다. 손으로 제어하고 야단을 치고 겁박을 줘도 그때뿐이었다. 야지랑스러운 행동은 또 얼마나 날랜지, 잠시 한눈을 팔다가는 손에 들고 있는 것조차 빼앗기기 일쑤였다.

딸은 녀석의 족보를 들추면서 순종은 아니라고 안타까워했다. 하지만 아내는 그게 무슨 상관이냐고 했다. 그것을 탄하기커녕 두 노인네가 사는 집안에 복덩이가 들어와 활기를 준다고, 손뼉까지 치며 좋아했다.

'백야 모텔' 은 큰 거리에서 조금 벗어난 골목 입구에 있었다. 배낭을 둘러멘 채 휘적거리며 들어선 나를 종업원은 이상하다는 눈으로 쳐다보았다. 그것은 연이어 던진 그의 질문에서도 잘 나타났다. 혼자세요? 주무시고 갈 거예요? 내가 고갯짓으로 대답했으나 그는 같은 질문을 두 번 반복했다. 나는 그가 요구하는 선불 6만원을 지불한 뒤에야 비로소 506호 문을 열 수 있었다.

방은 두꺼운 커튼으로 바깥과 차단이 되어 있었다. 들어가자마자 옷을 벗어버리고 침대에 드러누운 나는 비로소 혼자라는 것을 느꼈다. 그러나 그 혼자라는 게 ㄱ의 말대로 꼭 자유를 의미하는 것은 아니었다. 아내의 눈치나 감때사나운 이루가 없다는 것만으로도 자유를 느낄 수 있을 것 같았지만 아니었다. 익숙하지 못한 그 혼자라는 게 도리어 왠지 더 낯설었다. 더구나 나를 찍어 누르는 고요와 침묵이 확, 외로움으로 밀려왔다. 눈을 감으면 미쳤다고 해대는 아내의 무시와 경멸, 그리고 앙칼지게 짖어대는 이루의 소리가 환청처럼 고막을 때렸다.

모텔에서의 하룻밤은 지옥이나 다름없었다. 모기 한 마리 때문이었다. 어디로 어떻게 들어왔는지는 알 수 없지만 모기는 잠이 들려 하면 나타나 나를 깨워놓곤 하였다. 예고 없이 귓가를 맴돌며 앵앵거리는 통에 나는 밤새 진땀을 흘릴 수밖에 없었다. 손뼉을 치고 휘저어 보아도 소용이 없었다. 얼마나 작고 날랜지, 일어나 불을 켜고 사방을 샅샅이 훑어보았지만 찾을 수가 없었다.

결국 모기를 잡지 못한 채 여윈잠을 자고난 나는 날이 밝자 모텔을 빠져나오고 말았다. 수면부족으로 머리가 어지러웠지만 그렇다고 모텔에 혼자 누워 있을 수는 없는 일이었다. 그러나 모텔에서 뜬눈으로 보낸 하룻밤이 전혀 쓸모없었던 것만은 아니었다. 자유……. ㄱ의 지적대로 나는 난생처음 내 존재와 자유라는 것에 대해 뒤돌아보는 의미있는 시간을 가질 수 있었다. 존재를 인정받지 못하는 자유, 계획되지 않은 가출에서 출발한 자유, 더구나 질타와 경시와 무관심으로부터 도피한 자유가 과연 가치가 있을까. 내가 내린 결론은 시간과 공간이 아무리 자유롭다 해도 그것이 진정한 자유라고는 할 수 없다는 것이었다.

이루가 우리 집에 들어온 지 얼마 되지 않은 어느 여름날이었다. 수박을 들고 찾아온 딸과 더불어 이야기를 나누던 아내가 느닷없이 한마디 뱉어냈다. 이루도 이젠 우리 식구가 되었으니까 성을 붙여줘야겠다는 것이었다. 나는 어이가 없었다. 아니, 강아지에게 성을? 더구나 족보도 없는 잡종이라는데? 그러나 아내는 그렇게 생각하지 않는 모양이었다.

이제부터 우리 이루는 '조 이루' 라고 하는 게 어때?

아내가 제안하자 딸은 머리를 까딱거렸다. 나는 눈을 크게 뜨고 아내를 쳐다보았다. 아니, 굳이 붙이겠다면 내 성을 따서 '김 이루' 라고 해야 함에도 불구하고 '조이루' 는 또 무슨 뜬금없는 소리인가? 가장을 무엇으로 알고……. 그러나 나는 곧이어 아내가 딸에게 하는 말을 듣고 입을 다물고 말았다.

니 아빠가 얘를 좋아하지 않잖아. 얘도 그렇고. 그래서 내 성을 붙여주자는 거야. 요즘 외국 같은 데서는 그렇게들 많이 한다는데?

아내는 마치 개선장군이 된 것 같았다. 아내의 발밑에 배를 깔고 누워서 꼬리를 살랑살랑 흔들고 있던 이루는 아내가 한 번 크게 '조이루' 라고 부르자 냉큼 아내의 무릎으로 뛰어올랐다. 그걸 보고 아내는 벌써 자기 성을 아는 영특한 녀석이라며, 껴안고는 또 '내 새끼, 내 새끼' 소리를 반복했다.

그날 나는 몹시 목이 말랐다. 하지만 수박 접시에는 손도 대지 않았다.

그런데 문제는 그뿐만이 아니었다. 기가 막힌 일은 며칠 뒤 또 일어났다. 그날은 아내가 딸과 함께 이루를 데리고 정기적인 검진과 함께 예방주사를 맞고, 털을 깎아주기 위해 동물병원에 다녀온 날이었다. (포메라니안은 털갈이가 심해 때를 맞춰 깎아주지 않으면 집안이 온통 털투성이가 되곤 했다)

딸이 이루의 나이를 걱정하며 아내에게 말했다.

나이가 더 들면 이빨도 빠진다잖아? 수의사가.

글쎄 말이야. 나도 들었어.

그렇다고 임플란트를 해 줄 수도 없고…….

나는 수심이 가득한 딸의 얼굴을 자세히 뜯어보았다. 지금 임플란트 시술이 가장 시급한 사람은 바로 나였다. 어금니가 흔들린 지 벌써 오래된 나는 단단한 음식을 씹을 때마다 잇몸이 시근거리는 통에 나도 모르게 얼굴을 찡그릴 수밖에 수 없었다. 그러나 아내는 그것을 술 탓으로 돌리며 들으려고도 하지 않았다. 돈이 어디 있어, 돈이. 몇 번 말을 붙여보았으나 허사였다. 그런데 강아지에게 임플란트 운운하다니……. 정말 통탄할 일이 아닐 수 없었다. 그러나 눈치를 채지 못한 딸은 털을 깎아 한주먹밖에 되지 않는 이루를 안은 채 신둥부러진 말을 이어갔다.

사료도 아주 고단백으로 조금씩 먹여야 한대잖아. 간식도 그렇고. 지금부터 관리를 잘 해주면 그래도 스무 살까지는 살 수 있다고 하잖아?

딸이 아내와 함께 이루를 사이에 놓고 떠드는 사이 나는 문득 궁금한 게 하나 떠올랐다. 그렇다면 과연 딸이 내 나이는 정확히 알고 있을까? 생일은? 한쪽 귀퉁이에 앉아 있던 나는 결국 딸을 향해 어눌하게 궁금증을 열었다.

너, 내 생일이 언제인 줄은 알아?

딸은 쉽게 대답하지 못했다. 뜬금없이 그런 건 왜 묻느냐는 표정을 지었다.

가을 아니야?

딸은 수첩에 기록해 놓았다고 말했다.

나는 이번엔 다른 질문을 던졌다.

그럼 금년에 내가 몇 살인 줄은 아냐?

글쎄, 아빠가 지금 몇 살이지?

딸은 미적거리며 아내를 돌아보았다. 아내도 머릿속으로 계산을 하는 눈빛이었다. 나는 머리를 절레절레 흔들었다. 예상하지 않은 것은 아니지만, 갑자기 마음 한 구석이 와르르, 무너져 내리는 것 같았다. 지금까지 그들 곁에는 내가 아니라 내 그림자만 앉아 있었다는 느낌이 들었다.

근데 그건 왜 갑자기 물어?

아내가 반격을 가했다. 나는 벌떡 일어났다. 갑자기 바위에 머리를 부딪쳤을 때처럼 눈앞이 어지러웠다. 그것은 어쩌면 며칠 전 내가 멋모르고 값이 제법 나간다는 이루의 샴푸로 머리를 감았다가 아내에게 호되게 질책을 당했던 때보다도 더 강한 충격이었다.

다릿심이 풀린 채 거리를 휘적휘적 걸어 다니던 나는 ㅇ를 기다리지 않고 찾아가기로 작정했다. 목마른 사람이 먼저 우물을 판다고 하지 않는가.

그의 부부가 운영하는 '맛나 식당' 은 전철로 내가 사는 아파트단지에서 세 역 거리에 있었다. 대기업 임원으로 정년퇴직한 뒤 몇 년 동안 허송세월하던 그가 부인과 함께 중학교 앞 골목에 차린 그 식당은 그러니까 청소년들이 주요고객인 분식점이었다.

아니나 다를까. 내가 들어섰을 때 이십여 평 가까운 홀은 청소년들로 만원이었다. 주방과 카운터를 잰걸음으로 뛰어다니느라 그는 나도 금방 알아보지 못했다. 주문한 떡볶이와 김밥을 테이블에 나르고 계산을 하느라 정신이 없었다. 한참 뒤에야 겨우 나를 알아본 그가 멋쩍게 웃으며 다가왔다.

언제 왔어?

조금 전에.

나는 무심코 벽에 붙어 있는 차림표를 돌아보다가 눈을 동그랗게 뜨고 말았다. 김치김밥, 치즈김밥, 참치김밥, 불고기김밥, 야채김밥, 고추김밥, 새우김밥, 꼬마 김밥, 누드김밥……. 무려 스무 가지 가까운 김밥 이름들이 아래위로 촘촘히 층을 이루고 있었다. 그뿐만이 아니었다. 어묵으로부터 떡볶이, 우동, 쫄면, 자장면, 비빔밥까지 벽에 붙인 메뉴가 무려 삼십 가지도 넘었다.

무슨 바람이 불어서 나를 찾았어?

그가 선 채 의아하다는 눈빛으로 나를 내려다봤다.

나는 ㅇ도 ㄱ나 ㅎ처럼 나의 행위를 달가워하지 않을 것이라고 예상했다. 그래서 되도록 간단하게, 자초지종을 설명하고 그의 생각이나 한 번 들어볼 참이었다. 그것은 이미 대학 동기들 사이에서 그들 부부의 금슬이 유난히 좋기로 소문이 자자하기 때문이었다. 그러나 나의 얘기를 듣고 난 그의 반응은 의외였다. 눈을 가느다랗게 뜨고 내 얘기를 끝까지 귀담아 들은 그는 반색을 했다.

그래서 술 한 잔 걸치고 찾아온 거야?

그런 셈이지.

잘 했군.

나는 그를 올려다보며 이게 무슨 소리인가, 눈을 동그랗게 떴다. 사흘 만에 처음 듣는 소리였다. 잘 했다니, 나는 나도 모르게 어깨에 힘이 솟는 것을 느꼈다. 비로소 뜻하지 않은 곳에서 반가운 동지를 만난 기분이었다.

그래서?

그래서 배낭 하나 메고 무작정 집을 나와 버렸지 뭐.

나는 신바람이 났다. 그가 묻지 않았지만 지난 4년 동안 겪었던 수모까지 속이 시원하도록 시시콜콜 뱉어냈다. 내 말을 들으며 그는 때로는 웃음을, 또 때로는 한숨을 뱉어내곤 하였다.

고 쪼그만 놈이 나를 어찌나 괄시 하는지…….

나는 눈물이 쏟아질 것 같았다.

고생이 많았겠구먼.

정말 그렇게 생각해?

그럼.

그때였다. 주방에서 누가 부르자 그는 다시 종종걸음을 쳤다. 그리고 잠시 뒤 가운데 테이블에 김밥 두 줄과 어묵 한 접시를 가져다주고 돌아왔다. 카운터에서는 그의 부인이 학생들을 상대로 영수증을 발행하고 있었다. 식당은 청소년들의 떠드는 소리와 웃는 소리, 통화하는 소리 등이 음식 씹는 소리와 함께 어울려 장터마냥 시끄러웠다.

그가 조심스럽게 말을 이었다.

그런데 한 가지, 네가 잘못한 게 있어.

…….

나는 안경을 치켜 올리고 그를 똑바로 쳐다보았다.

정말 그렇게 결심했다면 더 차분하고, 더 치밀하게 계획을 세웠어야 했어. 이런 때일수록 흥분은 절대 금물이거든. 냉정하게 준비를 해야 해. 감정을 앞세워 행동하면 백이면 백, 다 실패야.

잠시 말을 끊은 그가 나를 안타깝다는 얼굴로 쳐다보았다. 나는 그의 말이 왠지 낯설게 느껴졌다.

그걸 네가 어떻게 알아?

책 좀 읽어라.

피곤한 듯 그가 손바닥을 들어 얼굴을 한 차례 쓸어내렸다. 나는 그의 얼굴을 자세히 뜯어보며 그 책 제목이 뭐냐고 물으려다가 그만두었다. 어차피 그건 중요한 게 아니니까.

그가 다시 입을 열었다.

그래서 이야기인데…….

나는 그가 무엇을 이야기하려고 하는지 이젠 대충 알 것 같았다. 아니나 다를까. 그는 잠시 뒤 책에서 읽었다는 그것을 나에게 자세히 알려주었다. 다시 집에 들어가 죽었소, 하고 지내면서 차분하게 다음 거사를 준비하라는 것, 그리고 이번에 가출할 때는 가족과 영영 이별하고 다른 세상을 살겠다는 확고한 결심을 하고 결행하라는 것, 그런 결심도 없이 섣불리 행동하다가는 오히려 상대에게 축이나 잡혀 평생 오금을 펴고 살 수 없을 거라는 것. 막히면 돌아가라는 말을 명심하라는 것……. 마지막으로 그는 그것을 실패한 선례가 바로 ㅎ라고 지적했다.

나는 귀가 솔깃했다. 갑자기 머리가 맑아지는 느낌이었다.

그러기 위해서는 먼저 방향설정을 분명히 해야 해.

그것도 책에 있어?

나는 검은 뿔테 안경 속에서 반짝거리는 그의 눈빛을 보면서 그게 다름 아닌 그의 계획이라는 것을 감지할 수 있었다.

그럼, 인마. 이 세상에 그런 생각을 하는 사람이 어디 너 혼자뿐인 줄 알아? 그러니까 누군가 책으로 출판까지 한 거 아니겠어?

그럼 너도?

나는 온몸이 떨리는 것을 느꼈다.

솔직히 나도 하루에 열두 번 넘게 그런 생각을 하곤 해. 힘들고 어려울 땐 더욱 그렇지. 봐라, 이게 어디 사람 사는 거냐?

다만 아직 실행에 옮기지 못할 뿐이지, 그는 속삭이듯 나지막하게 뒷말을 달고는 카운터를 힐끔 돌아보았다.

그를 보면서 나는 사람의 속내는 겉으로 알 수 있는 게 아니라는 것을 다시 한 번 절감했다.

잘 해봐.

그가 내 어깨를 다독거렸다.

나는 그의 따뜻한 체온을 느끼며 일어섰다. 비로소 희망이 보이는 것 같았다. 혼자지만 외롭지 않았다. 그러면서도 왠지 자꾸만 두려움이 엄습했다. 그 같은 계획을 세우고 단행한 것은 아니지만, 아내와 이루에게 내 존재를 알리기 위해서는 그것도 도움이 될 것 같다는 생각이 고개를 쳐들었다. 수틀리면 까짓, 나라고 못할까……. 나는 어금니를 힘껏 물었다.

밖으로 나와 눈을 두리번거리던 나는 '약속'이라는 붉은 네온이 번쩍거리는 모텔을 발견하고 그곳으로 발걸음을 옮겼다. 생각 같아서는 술기운이 도는 그대로 가직한 거리에 있는 집으로 들어가 초인종을 누르고 싶었으나 모텔에서 하룻밤 더 묵기로 작정한 탓이었다. 그런다고 아내가 나를 가리켜 헤무르지 않다고 할 리는 만무하지만 그래도 하루는 더 버티고 싶었다. 혹시 또 아는가, 그 사이에 화해를 알리는 연락이 아내로부터 올지…….

ㅊ에게서 답신이 온 것은 '약속 모텔' 3층 구석진 방에 배낭을 내려놓은 뒤였다. '김해에 부흥집회 강사로 내려와 있음. 주말에 올라갈 예정. 올라가는 대로 연락하겠음.' 나는 오랜만에 근황을 알게 된 그

의 답신이 반가웠다. 그러나 한편 이제는 그가 올라온다고 해도 꼭 만날 필요까지는 없을 것 같다는 생각이 들었다.

이른 시간이었지만 거리는 벌써 후덥지근했다. 희뿌연 하늘은 그날도 시원한 빗줄기를 기대하기는 틀린 것 같았다. 휴대폰 메시지 창을 열어보았으나 아들이나 딸, 아내가 보내온 문자는 여전히 없었다. 광고 문자만 두어 개 날아와 있을 뿐이었다. 거리를 벗어나 공원으로 발길을 돌렸다. 공원엔 벌써 강아지를 끌고 나와 산책하는 사람들이 더러 눈에 띄었다. 그렇지만 어제 나를 향해 앙칼지게 짖어대던 그 까만 복슬강아지는 보이지 않았다. 강아지들을 보자 불현듯 할딱거리며 내밀던 이루의 혓바닥과 탐욕스러운 송곳니가 떠올라 나는 나도 모르게 크게 진저리를 쳤다.

아이들이 자랄 때 나는 내가 아니었다. 아내도 물론 그랬지만, 회사 시절 그 흔한 순모 양복 한 벌 사 입지 못했던 나는 늘 검정색 혼방으로 겨울을 넘겼다. 그래도 나는 그 길이 가장이라면 응당 걸어야 하는 길로 생각하고 수굿하게 걸었다. 한 번도 엇나가거나 누구에게 불평 한 마디 늘어놓은 적도 없었다. 당시 주변 동료들이 흔히 행하던 낚시나 골프, 등산 따위에도 눈길 한 번 주지 않았다. 솔직히 부럽지 않은 것은 아니었다. 그러나 그보다는 가정이 우선이라고 생각했다. 그런 까닭에 내 등 뒤에는 늘 아낙군수, 좀생이, 꽁생원이란 별칭이 붙어 다닌 것도 사실이었다. 하지만 그 바람에 연금과 분양받은 작은 건물에서 나오는 임대료로 이제는 밥 먹는 데 걱정 없이 살게 된 것 아니겠는가. 아내도 그 점만큼은 인정했다. 그래, 누가 뭐래? 하지만 아내는 그것 또한 그냥 넘어가지 않았다. 말끝마다 자신의 공치사를 꼭 매달았다. 그럼 나는? 그 시절 나는 어떻게 살았는데? 나도 먹고 싶은 것, 입고 싶은 것, 다 참고 아이들을 길렀어. 이거 왜 이래? 그래서 어쩌다가 옛날이야기가 나올라치면 나는 멀찍이 돌아앉아 입을 꾹, 다물곤 하였다.

공원에서 집은 내 걸음으로 천천히 걸어도 십여 분이면 충분히 도달할 수 있는 거리였다. 1402동, 1104호. 비밀번호는 3041. 나흘이 되었지만 내 머리는 아직도 그것을 잊지 않고 모두 인식하고 있었다. 회색 현관문도 낯설지가 않았다. 내가 다가서자 이루의 짖는 소리가 고막을 때렸다. 왈, 왈, 와알, 와알, 왈, 와르르. 볶아치는 것 같은 그 소리를 들으며 나는 한 차례 숨을 깊이 들이마셨다.

집안은 변한 게 하나도 없었다. 소파도, 티브이도, 식탁도, 서랍장도 모두 나흘 전 그대로 제 자리에 누워있거나 앉아 있었다. 물론 아내도 마찬가지였다. 당장이라도 내 발뒤꿈치를 할퀼 듯 쫓아오며 이루가 짖어대자 이윽고 안방에서 모습을 드러낸 아내의 얼굴은 나흘 전과 똑같이 실뚱머룩했다. 난생 처음 외박, 그것도 나흘 동안 말없이 집을 나갔다 들어왔으나 반기는 기색이란 없었다.

어린아이도 아니고 그게 뭐야? 정말 미친 거 아니야?

나는 입을 열지 않았다. 중동무이. 계속 힐책하는 아내의 말을 귓등으로 흘리며 나는 머리를 숙인 채 내 방으로 얼른 몸을 감추었다. 그 뒤에도 몇 마디 송곳 같은 힐책의 소리가 내 뒤를 따라왔지만 나는 대꾸를 하지 않았다. 그나마 뒤따라와 방문을 왈칵, 열지 않는 것을 다행으로 여겼다.

잠시 뒤 딸과 통화하는 아내의 목소리가 흘러들어왔다.

그러게 말이야. 무슨 남자가 한 번 나갔으면 적어도 한 달은 버텨야지, 그래 나흘 만에 나 죽었소, 하고 들어오니, 글쎄! ……내 말이 그 말이야. ……그럼, 그럼! 그럴 거면 애당초 나가질 말았어야지. 그런 건

내가 알아 뭐해, 어디서 잤든. 수염도 못 깎은 걸 보니까 고생 꽤나 한 것 같더라……. 얘는, 내가 어디 그럴 사람이니?

한숨을 길게 토해낸 나는 눈을 들어 방안을 한 차례 둘러보았다. 방에 있는 물건들도 내가 나갈 때 그대로 그 자리에 있었다. 회전할 때마다 부서질 것처럼 삐걱삐걱 비명을 질러대는 앉은뱅이 선풍기도 제 자리에 그대로 있었으며, 소화제를 사러갔다가 약국에서 받아온 방구 부채도 내가 놓은 그대로 컴퓨터 옆에 있었다. 읽다가 덮어놨던 이솝우화도 213쪽에 멈춰 있었다. 안녕, 잘 있었어? 나는 그것들을 하나하나 손바닥으로 쓰다듬었다. 모두가 다 내 손때가 묻은 것들이었다.

미쳤다니까, 정말.

그때까지도 아내는 딸과 통화를 계속하는 모양이었다. 강철로 강철을 긁는 것 같은 목소리가 가감 없이 내 방으로 흘러들었다. 통화 도중에 아내가 이루를 다급하게 부르는 소리가 여러 차례 들리는 것을 보면 그 틈에도 녀석은 가만히 있지 않는듯했다.

물건들을 쓰나듬으며 하나하나 눈여겨보던 나는 책장 깊숙이 꽂혀 있는 사진첩을 발견하고 꺼냈다. 시간이 정지되어 있는 그것에는 40여 년 전 우리가 결혼했을 때의 사진으로부터 아이들이 갓난아기였을 때 모습, 청소년으로 자랐을 때의 모습, 그리고 또 그 아이들이 짝을 만나 결혼할 때의 사진까지 고스란히 담겨 있었다. 그 가운데에는 내 목마를 타고 깔깔 웃는 딸아이의 천진한 모습도 있었고, 세발자전거를 탄 아들이 손을 번쩍 쳐들었을 때 찍은 사진도 있었다. 한 장 한 장 넘길 적마다 지금까지 먼지를 뿌옇게 뒤집어쓰고 책장 속에서 잠자고 있던 그것들이 비로소 깨어나 40년 뒤에 살고 있는 나를 향해 달려왔다. 아, 이런 시절도 있었구나. 그것을 찬찬히 뜯어보던 나는 두어 장을 더 넘기다가 그만 깜짝 놀라고 말았다. 거기에는 지금의 아내가 아닌, 여리고 앳된 한 여자가 낯설게 웃고 있었다. 그것은 내 기억 속에서 까맣게 지워졌던 것이었다. 그때 아내는 지금처럼 짯짯하지도, 강파르지도, 거쿨지지도 않았다. 솜사탕처럼 부드럽고 다소곳했으며 잔부끄럼도 잘 타는 곰살궂은 여자였다. 자신을 앞세우지도 않았으며, 귀청이 따가울 만큼 목소리를 높이지도 않았다. 그것을 한참 내려다보던 나는 그만 나도 모르게 웃음을 터트리고 말았다. 웃음은 참으려고 해도 소용이 없었다. 웬일인지는 몰라도 참으려고 하면 할수록 더 크게 터져 나왔다.

퓹, 퓹, 푸웁, 푸웁, 푸푸웁……. 소리가 새어나가지 않게 손바닥으로 입을 틀어막고 웃던 나는 어느 사이엔가 내 얼굴에 눈물이 흐르고 있다는 것을 깨달았다. 무슨 까닭인지 몰라도 눈물은 멈추지 않고 흘러내렸다. 닦아도, 닦아도, 닦아도 소용이 없었다. 계속 흘러내렸다. ■

터널

김 무 웅

터널이 산을 치고 나갔다. 몸집 무거운 산을 뚫고 나가 고속도로를 깔았다. 제가 아무리 거대해도 뚫어버리면 그만이다. 내 앞을 가로막고 세상을 보여주지 않던 산들, 앞에 첩첩이 누워 나를 답답하게 하던 산맥들, 너무도 많아서 깊은 동해로 밀어 넣고 싶던 산들을 더 이상 꺼리지 않아도 좋게 되었다. 이제 산은 끝났다.

어두운 터널 속이 무엇이 그리 좋으냐고 하겠지만, 침침한 터널 속을 달리면서도 나는 거만한 산이 뚫린 것을 생각하면 마음이 고소하다. 첨단 터널 기계(TBM)가 우리나라에 도입된 지 얼마 되지 않은 것 같은데, 고속도로가 산을 뚫고 벌써 전국을 누비고 있다. 끝없는 평야를 앞만 보며 달리는 중원의 직선 도로는 너무 지루하고 건조하다. 우리의 고속도로는 숨바꼭질하듯 산과 계곡을 넘으며 출몰한다. 금수강산의 참맛은 도로부터 다르다.

나는 외 굴보다 쌍굴을 더 좋아한다. 두 개짜리 터널 입구가 멀리서 보이면 콧구멍이 두 개인 것 같아 숨이 먼저 트인다. 쌍굴은 속에서도 서로 통할 수가 있어서 만일의 경우에도 유연하게 대처할 여지가 생긴다. 내가 하는 터널 사랑이 유별나다 지적해도 할 수 없는 일이다. 좋아하는 것은 그냥 좋은 것이다. 사랑에 이유를 굳이 따질 필요가 없지 않은가. 이유 있는 사랑은 오히려 위태로운 구석이 있다. 내가 제일 좋아하는 터널이 하나 있다. 내가 자주 다녀서 정이 들어버린 이 터널은 좋은 점이 한 두 가지가 아니다. 내 선호를 쉽게 발설하지 않는데 오늘 처음 공개한다.

서울양양고속도로 서종나들목에서 서울로 돌아오자면 만나게 되는 첫 번째 금남터널이다. 북한강을 가로지르는 서종대교를 건너자마자 바로 시작되는 이 터널은 금남산을 뚫고 내 차를 삽시간에 서울로 내달리게 한다. 옛날 같으면 나룻배를 타고 강을 건너서 가파른 산을 넘어야 하는 이 길을 시원하게 뚫어버렸다. 누구도 이 터널처럼 나를 속 시원하게 해주기는 쉽지 않을 것이다. 본래 시간을 단축할 목적으로 다리를 놓고 터널을 설계한 것이니 편리할 것은 당연하지 않냐고 되묻는다면 나는 웃으며 대답할 것이다. 이토록 신통한 터널을 어떻게 좋아하지 않을 수가 있단 말인가. 녹음 짙은 산간 고속도로를 시원하게 드라이브시켜 주는 이 터널이 있어서 나는 강원도가 좋다. 우리 땅에서 살맛이 난다.

원시시대에는 사람도 동굴에서 살았다. 한국 전쟁 때도 굴속으로 몸을 피해서 폭격도 막아내고 적군의 눈도 피했다. 큰집 울안에는 으레 굴도 하나씩 숨겨져 있었다. 일본군이 파놓은 방공호도 있고 농산물을 저장하려고 손수 판 굴도 있어서 이래저래 시골에는 굴이 많았다. 지금은 굴을 찾지 않으니 있는 줄도 모르고 지낼 것이다. 우리처럼 산이 많아 비좁아진 나라에서는 굴은 유용한 저장공간이 된다. 땅이든지 사람이든지 믿고 맡길 곳이 있다는 것은 얼마나 마음 든든한 일인가.

굴 안은 아늑해서 안도감을 준다. 태생부터 우리가 타고난 안도감인지도 모른다. 굴은 겨울에도 따뜻하고 풍요롭다. 굴에는 저장된 곡식이 많지만, 그중에도 내가 제일 좋아하는 작물은 고구마이다. 고구마는 어째서 굴속으로 들어오면 당도가 높아지는지 모르겠다. 겨울이 깊어지고 굴에 저장된 고구마가 제맛을 내기 시작하면 내 즐거움도 따라서 커진다. 고구마는 삶아서 소쿠리에 담아 놓고 여럿이 둘러앉아 먹는 것이 마땅한 도리이지만, 혼자서 생으로 깎아 먹는 맛도 더할 나위 없이 좋다. 어린 시절 나는 팥 바구니 쥐 드나들듯 출출하면 굴속을 드나들었다. 내 잘못이 아니라 고구마가 너무 맛 좋은 탓이고, 피할 수 없는 유혹이었다.

땅에 묻어두었던 채소는 보물이었다. 채소가 땅에 일단 묻히고 나면 겨울에도 얼지 않고 생기를 유지한다. 채소가 땅 기운을 받아서 마르기 전에 우리 밥상에 살아 돌아온다. 겨울이 깊어지고 김장 김치맛이 한물가기 시작하면 땅에 묻어두었던 채소를 한쪽 입구로부터 파서 하나씩 꺼내 먹었다. 땅에 묻혔던 배추는 겉절이가 돼서 밥상에 오르면 신선한 샐러드처럼 우리에게 겨울을 잊게 했다. 무는 허연 몸통을 드러내며 가을의 추억을 되살리고 싱싱한 깍두기와 무생채가 되어 한겨울에도 생기를 주었다.

굴속은 여인의 품속과도 같이 사랑을 느끼게 한다. 한꺼번에 터질 듯한 사랑이 아니라, 평생을 두고 드러나는 깊은 속마음이 여인의 사랑을 표절한듯하다. 굴은 입구가 좁아서 침입이 어렵다. 굴속으로 침입하려면 좁은 통로 때문에 자기 정체가 먼저 드러난다. 굴은 출입이 쉽지 않은 만큼 무엇이든지 속 깊은 것이 깃드는 장소이다. 아무래도 속 깊은 것은 사랑이 아니고 무엇이랴.

터널은 굴의 현대적 형태다. 굴이 출입구가 하나라면 터널은 후문이 터진 것. 작은 동물에게 굴마저 없다면 목숨을 부지할 수나 있을까? 작은 것일수록 후문을 여럿 마련해 놓고 비상 탈출에 대비하며 살아간다. 만일 터널과 굴속에 현대적 설비를 도입한다면 활용도가 더욱 높아지리라. 나라가 부강할수록 터널에는 보관할 것도 많아져서 귀중품은 물론 대포도 탱크도 숨길 수 있을 것이다. 터널은 핵무기도 피할 수 있는 장소이다. 지난날 우리가 겪어야 했던 참혹한 전란이나, 앞으로 다가올지도 모를 위험에 대처하기 위해서도 우리는 터널을 연구해야 한다. 우리에게 제일 많은 것이 산이고 이것이 혹이며, 반면에 자랑이 될지도 모른다. 산을 마음대로 뚫고 내달리는 터널! 나는 언제 보아도, 저 터널에 마음이 끌린다. ▪

노랑머리 새의 기억

-윈 마웅 씨에게

박금아

미얀마는 아직도 우기인가요?

이곳에도 비가 내리고 있어요. 빗줄기 속에 꽃을 피운 부레옥잠이 연보랏빛 기억을 흔드네요.

생각나세요? 부레옥잠화가 피어나던 아마라푸라*의 나무다리 말이에요. 한국과 미얀마 작가들이 문학 행사를 마치고 달려간 곳이었지요. 40도를 오르내리는 무더위에 일행은 쉼터에서 눈바래기**나 할 생각이었던 것 같습니다. 다리를 걷고 싶어 한 사람은 당신과 나, 둘뿐이었지요. 초면인 당신과 왕복 2.4㎞나 되는 다리를 걸으려니 부담스러웠습니다. 얼마를 걸었을까요? 다리 중간쯤에서 당신이 에세이집 한 권을 내밀더군요. 아직 책이 없다는 내게 당신은 이야기로 듣고 싶어 하더군요. 내 수필을 말하려면 나의 어머니를 이야기해야 하는데 난감했어요. 당신과 나 사이에는 언어 장벽까지 있는데 말이에요. 그런데 참 용해요. 떠듬떠듬한 영어와 보디랭귀지로 전한 내 어머니 얘기를 듣고는 당신의 어머니 같다고 하더군요. 어릴 때 전쟁으로 아버지를 잃은 것, 아들을 얻기 위해 딸을 다섯이나 낳은 것, 지독한 시집살이를 하며 노동으로 자식을 길러낸 일까지……. 신기하지 않나요? 일면식도 없는 먼 나라의 어머니들이 닮았다니요? 우린 한 어머니에게서 태어난 남매간일지도 모른다는 생각을 했어요. 당신은 막냇동생쯤 되겠군요.

1,086개나 되는 나무기둥들이 160년 동안이나 호수에 서 있었다고요? 당신은 어느 기둥 앞에서 걸음을 멈추었어요. 사백사십칠이라고 읽었던가요? 기둥마다 고유번호가 있다는 걸 그때 알았어요. 그런데 그 글자가 숫자라고요? 아라비아 숫자만 생각했는데 그림으로 된 숫자가 있다니요, 신기했어요. 당신은 수첩을 꺼내 또박또박 써 보였어요. 아, 글자를 아래에서 위로 쓰다니요? 글자의 뿌리를 탄탄하게 하기 위해서라고 했던가요? 글자에도 뿌리가 있다는 말에 눈이 열리는 것 같았어요. 하긴 존재하는 것들은 모두 뿌리를 가지고 있지요. 나무기둥도, 어머니도요.

호수에 뿌리를 박고 선 기둥 하나하나가 세상의 어머니들처럼 보이기 시작했어요. 까막눈이인 내 눈에는 기둥에 적힌 글자들이 정순, 영자, 순덕…… 으로 읽혔어요. 호수에 박힌 후에는 물을 떠나지 못한 티크 기둥처럼, 나의 어머니는 어머니가 되고부터 평생을 우기 속에서 보내야 했지요. 티크 나무는 물속에 있을 때 더 강해진다던가요? 어머니도 우기의 시간 속에서 더 단단해졌던 것 같아요. 물살들은 다리의 근육이 되었나 봅니다. 어머니들은 모두가 '다리' 가 아닐까요? 우리는 '다리' 를 거쳐 마른 땅으로 건너왔고요. 사람들이 난간 하나 없는 그 나무다리를 두려움 없이 걸어갈 수 있는 이유도 그 때문 아닐까요.

호숫가 풀밭에 누워 있던 나무기둥이 떠오르네요. 생을 다하고 뽑혀 나온 듯했어요. 바싹 마른 채로였지요. 움푹 팬 구멍들이 팔순인 내 어머니의 다리 엑스레이 사진 같더군요. 어머니의 지나온 시간이 다리 위에서 어른거렸어요. 이승의 삶을 마감하는 날이면 어머니도 젖은 삶을 훌훌 벗어던질 수 있을까요? 기둥의 발치에 부레옥잠화를 놓아주고 싶었어요. 뿌리를 호수에 두고도 꽃으로 피어났으니 그보다 더 큰 위로가 있을까요.

우리 앞에서 자주색 가사袈裟와 롱지[***] 자락, 맨발과 쪼리를 신은 발들이 뒤섞이며 걸어갔어요. 미얀마의 스님들은 맨발이어야 한다고요? 모든 것을 발로 행하라는 뜻이라지요. 수도승으로 살든, 세속을 살든 저절로 살아지는 삶이 있을까요? 나무다리 위에서는 롱지와 가사 자락 모두가 한 권의 경전이었습니다. 끝까지 살아낸 삶은 다 경전이 아닐는지요? 문학의 본질도 행함에 있다는 당신의 말에 나도 고개를 끄덕였어요. 그러나 쓰면 쓸수록 행함이 많아야 할 것 같아 절필을 생각한 적도 있다던 말에는 우두커니가 되어야 했어요.

에멜무지로 떠난 여행이었습니다. 겨르로이 노닐다 망고나 실컷 먹고 올 생각이었습니다. 그런데 난감하기만 합니다. "행함 없이 쓰는 것만으로는 문학이 될 수 없다."라고 한 당신의 말은 이제 겨우 문단 말석에 이름을 올린 내게는 가혹하기까지 합니다. 여행은 돌아오는 것이 아니라 돌아오지 않는 것이라고 했던가요? 나는 아직 아마라푸라의 나무다리 위에 서 있습니다.

아 참, 그 작은 새의 이름을 알 수 있을까요? 하얀 날개를 부레옥잠

위에 접고서 호수 깊숙이 긴 목을 꽂아 넣던 그 노랑머리 새 말이에요.

부디 안녕을!

* 미얀마 만달레이주에 있는 도시
** 눈으로 배웅하기
*** 미얀마의 남녀가 치마처럼 허리에 걸쳐 입는 옷

어른들은 기다려 주지 않는다

원숙자

요양보사 일을 시작하고 얼마 지나지 않아 아흔의 어르신을 소개 받았다.

그 어르신은 젊어서 꽤나 잘 나가는 지방의 유지였단다. 큰 키에 바짝 마른 모습이 우리 친정아버지를 닮아 보였다. 친정아버지는 동네에서 제일 큰 키에 군살 하나 없으신 분이었다.

어르신은 여름인데도 하얀 긴팔 와이셔츠에 정장 바지를 반듯하게 차려입고 있었다. 하루 종일 쇼파에 기대앉아 식사 할 때와 볼일 볼 때만 움직이는 것 같았다. 그래서 그런지 무릎 아래 종아리부터 발까지 퉁퉁 부어 있었다. 부인이 세상을 떠나고 삼년 동안 줄곧 그렇게 앉아 있었다고 한다. 집안은 구석구석 삼년의 세월을 고스란히 뿌연 먼지로 무겁게 내려앉아 있었다. 인사를 마치고 서둘러 청소부터 시작했다. 먼지는 여러 번 닦아내고 나서야 반짝이기 시작했다.

커피포트에 물을 끓였다. 커다란 대야에 적당히 뜨거운 물을 만들어

어르신 발에 족욕을 시켜 드릴 준비를 했다. 자존심이 강한 어르신은, 처음엔 양말을 벗지 않으려하고, 발을 물에 담그는 것도 싫어했다. 발가락을 살살 누르며 잡아당기다가 양말을 벗기고 물에 담가드렸다. 그리고 발가락을 살짝 당기면서 문질렀다. 무좀이 있으신지 뭉텅뭉텅 각질이 일어났다. 고무장갑을 끼고 싶은 마음이 굴뚝같았지만 혹여 어르신 맘이 상하실까봐 꾹 참고 발가락 사이사이, 그리고 뒤꿈치와 발바닥을 문질렀다. 손이 가는 곳마다 마치 가마솥에 누룽지가 일어나듯이, 껍질인지, 때인지, 각질인지 모를 것들이 죽죽 벗겨졌다.

이미 내 속은 비위가 상하다 못해 온통 뒤집어 졌다. 내색하지 않고 참아내야 했다. 힘들었다. 찬물로 행구고 수건으로 잘 말린 다음 '무좀 습진 연고' 를 찾아 발라드렸다. 그렇게 세 번 정도 해 드리고 나니 발이 꼬들꼬들 윤기가 나고 좋아졌다. 부기도 거의 빠져서 발이 가벼워지니 걷기도 편해 지셨단다. 마루에서 부엌까지 걷는 걸음걸이도 가뿐해 보였다. 침술을 하셨던 분이라 내가 주물러 드리는 부분들이 몸에 힘이 나게 해주는 곳이라며 자주 즐기셨다.

출근 첫날 어르신은 나를 부엌으로 데리고 가서 당신이 드실 음식을 손수 만들면서 가르쳐 주셨다. 방법은 간단했다. 이가 없으시니 여러가지 반찬과 라면을 조금 부셔 넣은 다음 끓이기만 하면 됐다. 밥은 전기밥솥에, 불린 쌀을 작은 수저로 네 수저를 담고 물은 커피잔으로 삼분지 이만 넣고 취사를 누르면 됐다. 그리고 다음날부터는 나보고 해보라고 하셨다. 드시는 음식이 부실해 보였다. 매일 찾아오는 작은 아들에게 이것저것 장을 봐달라고 부탁했다.

식사 준비를 하고 있으면 "원 샘~" 하고 부르시곤 한다. 부엌에서 방을 지나 마루로 달려가면 "아니 말이 하고 싶어서..."

조금 있다가 또다시 "원 샘~~" 하고 나직하게 부르신다.

"네~" 하고 달려가서

"어르신, 뭐 필요한 거 있으세요." 장난기가 가득한 눈으로 바라보시며

"아니, 거기 있나 확인 한 거야." 하시며 밝게 웃으신다.

다시 가서 일하고 있으면 또 다시 그렇게 부르시곤 한다.

무른 반찬을 두세 가지 만들어서 차려놓으면 대단히 만족해하시면서

"고마워. 이런 밥상이 인류 백반이야. 어디 가서 돈 만원에 이렇게 맛있는 걸 먹겠어. 원샘, 정말 고마워요."

내가 드린 정성을 알아주기라도 하는 것처럼 모든 음식을 남김없이 비워내셨다. 나는 항상 그분이 식사가 끝날 때까지 식탁에 앉아서 미주알고주알 수다를 떨었다. 그 어르신 역시 지나간 세월을, 책을 엮듯 토해 내셨다.

어느 날, 시간을 모두 마치고 테그를 찍으려고 하는데,

"원 샘, 내가 돈이 많으면 원 샘을 샀으면 좋겠어. 다른 집 가지 말고 우리 집에만 와서 하루 종일 있으면 얼마나 좋을까."

"어르신, 고맙지만 욕심내지 마세요. 다른 어르신도 절 기다리고 있거든요." 나는 일부러 너스레를 떨었다. "나도 알지. 그저 내 욕심이라는 걸..." 하시면서 내가 가는 다른 집 어르신 안부도 묻곤 하셨다.

그리고 며칠이 지났다.

"원 샘, 정부에서 어차피 사람을 지원해 줄 거면 한 달에 한 이백씩 주고 한집만 가라고 하면 노인들이 고독하지 않을 것 같애."

또 며칠이 지났다.

"원 샘, 내가 아들이 하나 더 있으면 원 샘 집에서 며느리 하나 데려

오고 싶어.” “어르신, 항상 잘 봐주시니 고맙습니다.” “아니야, 진심이야~”

매일 아들이 장도 봐오고 마당에 풀도 뽑고 한참동안 이야기를 하다가 간다. 그런데도 매일 매일이 고독하다고 하시면서

“나이 먹으니 하루가 길고, 밤은 더 길어. 외로운 것 보다 아주 고독하다니까. 내가 말 할 수 있는 시간은 원 샘이 오는 시간뿐이야.”

“아드님이 매일 오잖아요. 그런 효자가 어딨어요.”

“그건 제 할 몫이고. 바빠서 금방 가야 허잖여.”

목소리에 힘이 없다. 먼 곳을 보고 있는 눈가엔 뭔지 모를 쓸쓸함이 묻어난다.

그래서 나는 내가 쓴 수필집을 한권 가져다 드렸다. 한참을 들여다 보시더니

“내가 대단한 사람을 데려다 부려먹었구먼, 나는 원샘이 행여 그만 둘까 봐 불안 혀.”

“어르신, 괜한 걱정 마시고 편안하게 지내세요.”

청소하고 나면 함께 퍼즐놀이를 하고 글쓰기도 했다. 어르신은 시를 매우 잘 쓰셨다. 어느 날은 퇴근 하면서 시 한편 써 놓으시라고 숙제를 내주고 오기도 했다. 하루하루 내 친정아버지께 못해드린 효를 어르신을 통해 정성껏 베풀고 있었다.

그렇게 한 달하고 반 정도가 지나갔다. 한창 무더운 8월 초라 밖에 나가서 걷는 것을 며칠 쉬시라고 당부를 드리곤 했다. 여전히 식사 후에 마을을 한 바퀴 돌아 오셨다. 마침 징검다리 휴일이 있어 남편은 고향에 부모님 산소 벌초도 할 겸 다녀오자고 했다. 나는 사정을 이야기하고 하루 쉬기로 했다. 그것이 상처였을까. 아니면 운명이었을까.

새벽에 병원에 입원을 하셨다고 연락이 왔다. 오전에 재가 요양 일을 마치고 병원에 가보니 정신이 약간 혼미해 보였다. 그래도 반갑게 내 손을 잡고 놓지 않으셨다.

고향에 다녀와서 다시 병문안을 갔다. 그동안 사람들을 잘 몰라보셨다는 그분은 아주 반갑게 내 손부터 잡았다.

"원샘, 애들은 어찌 하고 왔어. 학교에서 왔어?"

"네, 아직은 방학이라 집에서 놀고 있어요."

"그려. 빨리 가서 애들 봐야지. 어여 가. 어여 가서 아이들 잘 키워."

며칠 만에 뵈러 갔더니 보자마자 우리 손녀들을 먼저 챙기셨다. 그러면서도 내 손은 꼭 잡고 놓지 않았다. 그렇게 조금 머물다 왔다.

그리고 나는 서울에서 일하는 남편에게 다녀오고 대학병원에 가서 치료도 받고 바쁘게 지냈다. 자꾸만 그 어르신이 마음에 걸렸다. 일요일까지 바쁘니 월요일에나 문병을 가서 휠체어라도 태워 바깥 구경 좀 시켜드리고 와야겠다고 생각하고 있었다. 센타에서 하루만 대타 좀 해달라는 전화가 왔다. 사정을 애기 하니 다음날 가도 되지 않느냐고 해서 하루 미뤘다. 그런데 어른들은 정말 기다려 주지 않는다.

"선생님, 그 어르신 오늘 새벽에 돌아 가셨대요. 가까운 병원이라는데 내일 저랑 함께 조문 가게요." 센타장 전화다.

우리 아버지도 내가 뵈러 가기 하루 전에 돌아 가셨다. 그런데 아버지를 닮은 그 어르신도 내가 뵈러 가기 하루 전에 떠나셨다. 내가 찾아뵐 때를 기다려 주지 않으셨다. 속이 많이 상했다. 마지막으로 출근을 했던 날, 곱게 입으시라고 와이셔츠랑 바지를 반듯하게 다려놓고 왔었는데 그 옷도 입어보지 않으시고 떠나셨단다. 조문을 갔다. 우리가 무슨 인연으로 만났는지 알 수 없지만, 꽃 속에 묻혀 활짝 웃으며 세상시름을 모두 잊었노라 말하고 있는 듯 했다. 오히려 외로움과 고독함에서 해방되었다는 안도감이 내 마음을 가라앉혔다.

매일 아버지를 찾아 섬기던 효자아들이 형제들에게 나를 소개했다. 모두들 내 손을 잡고 "그동안 우리 아버지 행복하게 해줘서 고맙습니다." " 우리가 못다 한 일들을 해줘서 감사해요." "우리 막내에게 모든 이야기 듣고 안심하고 있었어요." 옆에서 보고 있던 센터장이 나보다 더 흐뭇한 미소를 짓고 있었다.

나는 오늘도 재가 요양일을 하러 나간다.

"애구~ 나 오늘 아홉시부터 계단에 앉아서 선생님 기다렸어. 꼭 어렸을 때 엄마를 기다리던 마음이더구만. 어찌나 조바심이 나던지..."

한 시간 반을 그 뜨거운 8월의 태양 아래서 팔순 치매노인네가 나를 기다렸단다. 그 말을 듣는 순간 가슴이 뜨겁게 아파온다. 더욱더 마음을 다해 열심히 하라는 채찍을 맞은 것 같다.

"원샘~"

정신없이 일을 하다가도 문득문득 낮고 익숙한 목소리가 귓가를 맴돈다. ■

【필자 약력】

시_

강성은 e-mai: ksekang500@hanmail.net
대구 출생. 경북대 국문과 졸업. 2003년 『미네르바』 시부문 신인상, 2005년 『월간문학』 아동문학(동시)부문 신인상 수상. 세계문학상 아동부문 대상 수상. 시산맥 제1회 창작지원금 수혜. 시집 『白에서 百까지의 고백』. 한국문인협회 회원. 현 강북문화대학 출강.

강준모 e-mail: kj903ys@hanmail.net
경희대 및 대학원 국문학과 졸업. 2017년 『창작21』 시부문 신인상으로 등단. 시집 『오래된 습관』. 현 경희여고 국어 교사.

김성호 e-mail: symphonpoem@hanmail.net
1994년 계간 『시조문학』 천료. 2002년 『현대시』 신인추천작품상으로 등단. 시집 『소리의 하늘』 『소리의 여행』 『보도블록에 깃든 숨결』 『연약함이 강함을 용서한다』 외.

김시연 e-mail: realanais@nate.com
부산 출생. 연세대학교 중퇴. 한국종합예술학교 졸업. 2020년 『창작21』 신인상 시부문 등단.

김애리샤 e-mail: wanderlust4104@hanmail.net
2018년 계간 『창작21』 신인상으로 등단. 시집 『히라이스』.

김영수 e-mail: soekiman@hanmail.net
2018년 『창작21』 시부문 신인상으로 등단. 인니어 번역시집 『Orang Suci, Pohon Kelapa』. 번역서 『인도네시아의 '위안부' 이야기』.

김은옥 e-mail: indienk@hanmail.net
2015년 『시와문화』 신인상으로 등단. 수필집 『고도孤島에 살다』.

김종휘 e-mail: jongwheek@gmail.com
1960년 전남 영광 출생. 1977년 캐나다로 이민했으며, 2000년 『시현실』로 등단. 현재 캐나다 영시낭송회 부회장.

김홍섭 e-mail: jonk@gmom
성균관대(대학원)경영학과, 서울대 대학원 졸업. Canada, Trinity Western Univ.(TWU) 초빙교수. 2010년 『문학세계』 신인상으로 등단. 시집 『기다림이 힘이다』 외. 인천대 명예 교수 .

문창길 e-mail: dlkot108@naver.com
1984년 『두레시』로 작품활동 시작. 『창작21』 편집주간. 시집 『철길이 희망하는 것은』 『북국독립서신』. 민족작가연합 공동대표. 민족문학연구회 공동회장. 한국작가회의, 한국시인협회 회원.

박금란 e-mail: bknink@hanmail.net
1998년 전태일문학상으로 작품활동 시작. 정선아리랑문학상 수상. 민족작가연합 공동대표. 시집 『천지의 맹세』. 공동작품집 『통일은 사랑입니다』 외.

박승일 e-mail: bagilhan25@hanmail.net
2020년 계간 『창작21』 시부문 신인상 등단. 외항선 항해사로 재직했으며 고양시민회 편집인 역임. 아림고건축 운영.

박주하 e-mail: feelro67@hanmail.net
1996년 『불교문예』 신인상으로 등단. 시집 『항생제를 먹은 오후』 『숨은 연못』 『없는 꿈을 꾸지 않으려고』. 한국작가회의 회원.

박창민 e-mail: taechang77@hanmail.net
1963년 부산 출생. 2018년 『창작21』 봄호 신인상으로 등단. 법무부 장관상, 한민족통일문예대전, 부산지방경찰청장 등 수상.

변예랑 e-mail: byr8899@naver.com
명지대학교 통합치료대학원 평생교육학과 졸업. 2020년 『창작21』 신인상 시부문으로 등단.

보운 e-mail: cgurm@hanmail.net
2017년 『창작21』 신인상 시부문 등단. 행원문화상 학술상 수상. 중앙승가대 교수 역임.

송인영 e-mail: pinesong1011@hanmail.net
2010년 『시조시학』 신인상으로 등단. 서귀포 문학작품 전국 공모전 수상(시조). 시집 『별들의 이력』 『앵두』 『방언의 계보학』.

안재홍 e-mail: koduam0819@hanmail.net
강원도 영월 출생. 2019년 『창작21』 신인상으로 등단. 시집 『무게에 대하여』. 한국작가회의 회원. 한뉘문학 동인. SGI서울보증 전문위원.

유나영 e-mail: nayoung4628@daum.net
『한국시』로 등단. 봉황문학동인. 시낭송가. 시집 『단 한 번의 사랑을 부르게 해주오』 외. 시조집 『그대 이름을 지피며』 외 다수.

윤선길 e-mail: baseysg@hanmail.net
장안대 문창과 졸업. 2011년 『창작21』 시부문 신인상으로 등단. 공동저서 『물고기 곁눈 속에 든』 외.

이광호 e-mail: khl0554@naver.com
1949년 전남 고흥 출생. 〈시인의집〉 동인으로 작품활동 시작. 2011년 『창작21』 시부문 신인상, 2015년 시조부문 신인상으로 등단. 시집 『ㄱ에 대하여』 『담아 두고 싶어서』 『모양글 닿소리』. 현재 농업에 종사.

이미란 e-mail: ran8405@hanmail.net
강원도 양구 출생. 1997년 『학산문학』으로 작품활동 시작. 시집으로 『준비된 말도 없이 나는 떠났다』 『내 남자의 사랑법法』 등이 있다.

이선유 e-mail: leesj4363@naver.com
충남 청양 출생. 2016년 『창작21』 시부문 신인상으로 등단. 시옷동인. 시집 『초록의 무늬』. 제1회 창작21작가상 수상.

이원규 e-mail: one-q-lee@hanmail.net
1991년 『시와의식』 시, 2019년 『한국문학세상』 평론 등단. 시집 『나무가 자꾸 나를 나무란다』 『은행을 털다』 『밥 짓기』. 작가 연구서 『백조가 흐르던 시대』.

이정희 e-mail: ljh652711@daum.net
2017년 『창작21』 시부문 신인상으로 등단.

이중동 e-mail: whrkrekf12@naver.com
경북 성주 출생. 2019년 『창작21』 신인상으로 등단. 시옷동인.

장혜승 e-mail: hsjang2625@hanmail.net
경북 의성 출생. 2003년 『현대시학』 신인상 등단. 시집 『씨앗』.

정대구 e-mail: jungdg72@daum.net

1936년 경기 산. 숭실대 문학박사. 1972년 〈대한일보〉 신춘문예 시부 당선으로 등단. 시집 『칼이 되어』 『흙의 노래』 『위대한 김연복 여사』 『착한 토끼』 『아직도, 땡감』 외 다수. 수필집 『녹색평화』 『구선생의 평화주의』. 저서 『김삿갓 연구』 등이 있음. 명지문학상, 도천문학상 한국시인정신상, 시인이 뽑은 시인상 등 수상.

정안덕 e-mail: jad1215@naver.com
1948년 전남 나주 출생. 숭의여대 미디어 문예창작과 졸업. 2014년 『한국인 문학』 수필 등단. 2018년 『창작21』 신인상 등단. 한국문인협회 회원. 한국문학 비평학회 학술상(시 부문). 시집 『연두공을 치는 여자』. 수필집 『하늘의 별을 따라라고 하세요』.

조길성 e-mail: blackbear0@naver.com
1961년 경기 과천 출생. 2006년 『창작21』 시부문 신인상 등단. 시집 『징검다리 건너』 『나는 보리밭으로 갈 것이다』.

채수원 e-mail: schae@dreamwiz.com
대구 출생. 2015년 『문학세계』 시 신인상 당선. 2018년 『에세이문학』 수필, 『한국소설』 신인상 당선. 공동저서 『물고기 곁눈 속에 든』 외.

최순섭 e-mail: css03@naver.com
대전 출생. 1978년 〈시밭〉동인으로 작품활동 시작. 시집으로 『말뚱, 말뚱』이 있다. 현재 환경신문 에코데일리문화부장, 한국가톨릭독서아카데미 상임위원.

최태랑 e-mail: ctr5555@hanmail.net
전남 목포 출생. 『시와정신』으로 등단. 시집 『물은 소리로 길을 낸다』 『도시로 간 낙타』 외. 산문집 『내게 묻는 안부』.

표규현 e-mail: giftmind@hanmail.net
1955년 경기 남양주시 출생. 2017년 『창작21』 시부문 신인상으로 등단. 공동저서 『물고기 곁눈 속에 든』 외.

소설_

권려원 e-mail: kodolgolae@naver.com
1968년 생. 2007년 서울문화재단 창작지원금 수혜. 2007년 『창작21』 소설부문 신인상으로 등단. 한국작가회의 회원. 소설집 『블루비밀』.

마선숙 e-mail: wwriter@hanmail.net
2013년 『시와문화』 시 신인상 당선. 2014년 『불교문예』 소설 신인상 당선. 시집 『저녁, 십 분 전 여덟 시』. 소설집 『몸이 먼저 먼 곳으로 갔다』.

임철균 e-mail: berlin-angel@hanmail.net
1964년 전남 광주 출생. 가톨릭대 국문학과 졸업. 동대학원 국문학과 박사수료. 2017년 『창작21』 소설부문, 2021년 『창작21』 시부문 신인상 당선. 박종철문학상 대상. 2018 신예작가 선정. 한국소설가협회 회원.

정수남 e-mail: jjssnam@hanmail.net
1945년 평양 출생. 1984년 〈서울신문〉 신춘문예로 등단. 자유문학상, 대한민국 장애인문학상, 한국소설문학상 등 수상. 작품집 『분실시대』 『타성의 새』 외 다수. 시집 『병상일기』. 일산문학학교 운영.

수필_

김무웅 e-mail: muwangkim@daum.net
2019년 『창작21』 시부문 신인상 등단. 한국수필작가회 동인작품상 수상. 시집 『맥박』.

박금아 e-mail: ilovelucy@hanmail.net
삼천포 출생. 숙명여자대학교 불어불문과 졸업. 2015년 『매일신문』 신춘문예로 등단. 해양문학상, 등대문학상 등 수상. 수필집 『무화과가 익는 밤』. 2019년 아르코 문학창작기금 수혜.

원숙자 e-mail: sujanwon@hanmail.net
2020년 『창작21』 시부문 신인상 등단, 한국수필작가회 이사, 한국수필, 철원문학회 회원, 문예창작실기지도사 1급자격획득. 수필집 『남편은 참새농장주인』 외.